教科書をハックする

21世紀の学びを実現する授業のつくり方

リリア・コセット・レント
白鳥信義・吉田新一郎 訳

HACKING TEXTBOOK

RELEAH COSSETT LENT

Overcoming Textbook Fatigue

新評論

はじめに

私たちが知っているような教科書は一八世紀末から出回っているわけですが、最初となる一七七三年に出版されたトーマス・ディルワースの『先生のアシスタント、実用的で理論的な算術書』［参考文献31］(1)を現代の算数・数学の教科書と比較すると、いくつかの類似点を発見することができます。当時、内容は主に暗記を目的としており、質疑応答形式で書かれていました。

昔の教科書に比べると、今の教科書は机の上で踊っているかのようです。大幅に進化しているにもかかわらず、二一世紀になって出版社は、二〇年前には想像もできなかった難題を抱えています。そのなかには、いつでもどこでも入手できるオンライン情報と、ページをめくるよりも画面をタップすることに慣れている新しい世代の存在が含まれています。

教科書は、印刷物でもオンラインでも、世界中のほとんどの教室において現在でも学びの中心となっていますが、賢い教師は、生徒に教えるための唯一信頼できる情報源としてではなく、急増するカリキュラムにおける多くの資源の一つとして、それらを使用する方法を取っています。

---

(1) Thomas Dilworth, *The Schoolmaster's Assistant, Being a Compendium of Arithmetic both Practical and Theoretical* は、初版がすでに一七四三年にイギリスで出版されています。最初のアメリカ版は一七六九年に出版され、一七八六年の時点で第二三版となり、二〇一八年の最新版はアマゾンで購入することができます。

教科書疲労をもたらすもの

コンサルタントとして、さまざまな状況で教師（そして生徒）と多くの時間を過ごせることを私はとても幸運に思っています。彼らとのコラボレーションにおけるこれまでの経験を通して、「教科書疲労」という言葉をつくりました。

教科書疲労には、「もう教科書にはうんざり」という倦怠感以上のものがあります。それは、教科書や指導案をカリキュラムの手引きとして使うこと、すなわち教科書会社が概要を示した順序と、その提供する活動の両方をロボットのようにただこなすだけというもどかしさです。よってこれは、学校、教師、および生徒の個別化に反した指導案および段階的に書かれた教師用マニュアルを対象とした言葉となります。

本書が教科書疲労に対する解毒剤となり、教師と生徒がさまざまな資源とツールを使って、積極的で思慮深く、意味を感じられる学習を受け入れる学校のなかで、学びへの新たなコミットメントを刺激することを願っています。

教科書への忠誠心

小学一年生たちが使っている小さな机と椅子に座ったとき、私は教科書疲労について考えはじめました。そのとき私は、部屋の隅にある人形の家から出てきたような小さな椅子に、一年生の担任である先生たちと一緒に不快感を抱きながら腰掛けていました。

どのようにしてK－2[3]の教師が二〇キロ未満の体重のためにつくられた椅子に座ることができたのか分かりませんが、それについては、本書では扱えないまったく別の問題になります。

この日、私たちは「書く」ことについて話をしていました。教師らは、「書くことをカリキュラムに取り入れる時間がない」と私に言いました。かつて国語の教師だった私には何を言っているのか分かりませんでしたが、できるだけ冷静に、「どうして子どもに書いてもらえないの？」と尋ねました。

教師用の大きな指導書を失望した様子で見せながら、「教科書のすべての内容を扱うのに充分な時間があるわけではないから」とチームリーダーが説明しました。

「すでに子どもたちは、理解できないほど早く進んでいるのよ」と、ほとんど涙声で一年生の先

（2）金属疲労にたとえて著者が使った造語です。固い金属は壊れるとは思われていませんが、長年使われることで破損する場合があるのと同じく、国が関与して厳重につくられている教科書も「ほころびる」ということを意味しています。

（3）幼稚園の年長組から小学二年生という意味です。北米の小学校には幼稚園の年長組のクラスが併設されているところが多く、また一年生の教師は、幼稚園の年長組や二年生と異学年混合のクラスをもっているのでこのような表記になっています。

生が言いました。「もう、一つも付け足すことなどはできません！」

「どうして遅くできないの？」、そして「書くことのように、あなたが重要だと思っていることを含めることができないの？」と、さらに私は尋ねました。このとき私は、クレヨンで書いてばかりいた子どもを教えた経験がなく、思春期の子どもしか教えたことがない教師のように思われていたようです。

「私たちは、指導計画に忠実に従わなければならないのです」と、チームリーダーが辛抱強く説明しました。

　ああ……忠誠心。尊敬されているリテラシーの専門家が、「忠実さ」を直接的な表記がはばかられる「F」ではじまる言葉[4]で呼んだときのことを思い出しました。そのときは、ありがたいことに校長が部屋に入ってきたので、指導計画への忠誠心や、教師自身の知識を使ってよいカリキュラムの選択をすることができないのか、また子どもたちが習得できない場合は、理解力が低下するという問題について私たちはとてもよい話をすることができました。

　そこにいた教師は、生徒をとても大切にしている優れた専門家ですが、彼女らもほかの多くの教師も、教科書や指導案に従うことがあらゆる抗生物質を生徒に与えることにいくらか似ていると確信しています。一回の投薬量を間違ってしまえば治療を台無しにしてしまうかもしれない、といった点で。

私は、多くのテーマ、とくに理科と数学のテーマについて、シークエンス(5)をたどる必要性を理解しています。カリキュラムは、深い学びの足場となるように情報を体系化することがすべてです。そして、ほとんどの教科書がもっている強みの一つは、それが完璧に組織されているということです。**問題なのは、現場の教師がカリキュラム開発の過程に携わっていないということです。**その結果、多くの教師は、上から与えられた教師用の指導書に機械的に従わなければならないものであると信じ込んでいます。とくに、二一世紀型スキルと各州共通基礎スタンダード(6)の重要性が増している現在、これは大きな問題となります。

単に暗記をするのではなく、生徒が情報を分析し、統合し、活用する必要があります。素直に印刷物のすべてを受け入れるのではなく、情報源を懐疑的に値踏みし、テストに合格するだけでなく、問題解決のために協働作業をすることも学ばなければなりません。教師(実際には学校全

(4)欧米で非常に下品な言葉とされる「F」ではじまる単語にたとえたものです。忠実は、英語でFaithfulです。

(5)学習者の発達段階に即した学習内容の「配列、学習の順序・系統性」を意味します

(6)(Common Core State Standards = CCSS)日本の学習指導要領に相当します。アメリカは中央集権国家ではないので、各州が賛同しないと受け入れないという形式になっています。かなり高い目標が設定されていて話題になっていますが、日本の学習指導要領はグローバル・スタンダードとして大丈夫でしょうか? 教科書への執着を見ても、かなり心配だと言わざるを得ません。なぜなら、二一世紀型スキルやグローバル・スタンダードと「教科書をカバーする教え方」は矛盾するからです。

体）は、パッケージ化された教科書の従順な信者ではなく、カリキュラムのすべての段階における計画、実施、および評価に対して積極的に参加する必要があります。したがって、効果的な指導を支援するためには、教科書だけでなく、多種多様で補助的な資源を使用することが現代の学校教育においてはとても大切です。

しかし、教科書の目次から指導内容を導き出したり、教科書のすべてを網羅したりすることが私たちのもっとも重要な仕事となっています。そして、実際のところ、新たな学びを斬新で有意義な方法で生徒が内面化し、応用し、別の状況でも使いこなせるようにすることを教師が妨げており、教師の努力が逆効果となって現れているのです。

不十分な予備知識と情報量

私たち全員が教科書疲労を経験しており、生徒がそれに苦しんでいる様子を見てきました。症状は明白です。教科書の採択に教師がかかわることはほとんどなく、授業で生徒に「教科書を開くように」と言うと、生徒はうんざりした声を上げています。すべての教師が、腰を痛めずに教科書を運ぶ方法を見つけるだけになっています[7]。

実際、オンラインおよび紙ベースの教科書による疲労は、生徒に頻繁に起こることかもしれません。なぜなら、生徒に提示された多くのテーマと必要なつながりをつくるだけの予備知識や語彙が充分に備わっていないからです。このような状況が、毎日教師が聞かされている「これは退屈です」と言う生徒たちの合唱のもととなっています。

教科書は、生徒にとっては面白くなく、彼らの視点を無視した「単なる事実」を列挙するスタイルで書かれています。さらに、教科書の各ページに含まれている膨大な量の情報や圧倒されるほどたくさんの補足資料があるため、次のテーマに進む前にその概念を理解するだけの時間が生徒にはしばしば足りないのです。[7]

同様のシナリオが教師を悩ませています。教師版には、最新の読み方の指導法、オンラインリソース、見える化用紙[8]、語彙指導、さらに色分けされたベンチマークのページ[9]（および画面）、スタンダード、およびカリキュラムの配置が盛りだくさんとなっています。このような資料を読むために数年という時間が与えられれば役立つでしょうが、数年ごとに新しい教科書の採用に直面している教師には読み切るだけの時間がありません。教科書の採択は、以前よりもさらに複雑で、より包括的で、より困難なものになっています。

（7）アメリカでは、その大きさと重さがゆえに、教科書は教室に備え付けられていることがあります。
（8）考えることを促進するツールで、図式による表現方法が用いられています。一二二～一二六ページ参照。
（9）生徒に習得が期待される学習内容やスキルなどが、具体的な目標の形でまとめたものです。

教科書はすべての人のためのもの

教科書とその関連資料が非常に重要であるとされている理由は、できるだけ多くの州、教育委員会、教師、そして生徒のニーズを満たすようにそれが作成されているため、それ一つで、どこでも、どんな場面でも通用するようにしていることです。フロリダ州、テキサス州、カリフォルニア州などの大きな州がもっとも注目を集めています。それらの州に価値のある生徒や教師がいるからではなく、より多くの生徒、つまり教科書に支出する金額が多いからです。

そして、忘れてならないのは、すべての教科書出版会社は営利事業であり、実際には数十億ドル規模の事業をしているということです。これらの会社は、学習指導要領や教育動向についていくために何百万ドルも投入し、政治的または教育的な風向きが変わるとよく内容を変えてきます。彼らはフォーカスグループ(10)を使って、朝食用のシリアル会社がターゲットとする消費者を調査して、フレークにどれだけの繊維を入れるべきなのかを調べる場合と同じ方法でマーケティング部門に報告させています。

確かに、出版社で働く社員は生徒と教師の反応を気にするかもしれませんが、利益を上げることが出版社の最大の目的です。それゆえ、利益につながるアイディアでなければ、たとえ魅力的かつ常識的な情報であったとしても、それを指導書や教科書、または補足教材などに含めることはないでしょう。

同じく、科学における幹細胞研究の利点や文学における性的な表現（シェークスピアの作品でさえ）のように物議を醸し出しているテーマが大勢の人々によって公に質問された場合は、それらは安全な範囲にとどめるか、完全に省略されることになります。

教科書は政治的ではないと思うなら、このような考え方を改めなくてはなりません。重要な事例となるのは、二〇一〇年三月に〈ニューヨークタイムズ紙〉で取り上げられたものです。

「三日間の激しいやり取りのあと、金曜日のテキサス州教育委員会は、歴史と経済学の教科書に保守的な立場を取る社会科のカリキュラムを承認した。採択されたのは、アメリカ資本主義の優越性、純粋に安全な政府を創設しようとする者たちのコミットメントに疑問を投げ掛け、共和党の政治哲学をより積極的な見方で提示するものである」［参考文献83］

同じ委員会では、次のようなことも行われていました。

「大規模となっている州のヒスパニック系人口のためのロールモデルとして、ラテン系アメリカ人の数値をさらに高めるというヒスパニックの理事会メンバーによる努力は一貫して破られた」［参考文献83］

---

(10) 製品やサービスなどについてインタヴュー調査を行うために集められた複数名から成る集団のことです。

〈ワシントンポスト紙〉もこの件を扱っており、「火曜日、歴史家たちはテキサス州の社会科カリキュラム改訂案を批判し、その変更の多くは歴史的に不正確であり、州を越えて教科書や教室に影響を与えるだろう」と書いていました。さらに同紙は、次のように説明していました。「テキサス州の教科書市場は非常に大きいので、四七〇万人の生徒に割り当てられた教科書は市場のトップになることが多く、他の教育委員会（実際は教科書採択地区）のコストを下げ、同じものを買うように誘導する」［参考文献12］

この不幸な出来事は、**教科書が唯一の情報源として使われるべきではなく、また唯一のカリキュラムとしても使われるべきでないという主張を裏付けるものとなります。**

教科書は、おそらく二一世紀最大の犠牲者と言えます。二年ごとに情報量が倍増している現在、教科書を制作するための時間がそのスピードについていけない状態になっています。編集者は、出版の数年前に教科書作成をはじめています。出版されるころには、とくに理科においては、完全に間違っていないとしても多くの情報が古いものになっている可能性があります。眠ることのない世界規模のディジタル世界によって生成された多くの情報を目の当たりにして、何を載せるか、何を捨てるかを決定することに編集者は頭を悩ませることになります。

模範的な教科書がない、というわけではありませんが、教室における教師の専門性や知識、あるいは直感への置き換えを意図したものでないことを踏まえておくことが重要となります。教科書は単なるリソース（資源）であり、各生徒が同じ情報に同時にアクセスできる便利な道具であり、教育の専門家から生徒に対して情報の利用方法に関する提案が含まれています。

より多くの学校がラップトップやiPadを購入し、教科書がオンライン市場に出回ったとしても、これらのディジタル教科書を教師がどのように利用するかによって生徒の学習に違いがもたらされます。ディジタル教科書を唯一の情報源として使用してしまうと、電子メディアにおける固有の利点、とくに高品質であり、しばしば無料のオンライン記事、ウェブサイト、および他のオープンソース資料の入手という可能性を、皮肉にも無視することになってしまいます。さらに、教科書に書かれている読みにくい文章は、電子版になったからといって理解しやすいものになるわけではありません。

教科書をどのように使用するか

アメリカでは、標準的な教科書の「使用ポリシー」がほとんどありません。たとえば、ケンタッキー州の大きな教育委員会で相談に乗っていたとき、「学校の管理職が授業評価をしていて、教科書を一つの教材としてではなくカリキュラムの指針として使っていれば、その教師にはよい評価が記録される」とカリキュラム・ディレクターが言っていました。別の州では、教育委員会の教育長が、「教科書を本当に利用しているかどうかについては、教科書に残された教師の指跡から詮索することができない」と笑いながら私に話していました。そして、予算削減のためにほかのリソース（教材）はほとんどない、と認めました。

私がこれまでに訪問したいくつかの学校では、各教師が個人の教科書を持っておらず、何人かで一冊の教科書を共有していました。その理由は、教師同士が協力して、多様な教材を使って授業をつくり出すといったことが求められていたからです。南部の小さな教育委員会では、やる気と才能のある教師が助成金に応募することで教師用の iPad を調達することができています。その教師の次の目標は、生徒の教科書を紙版からオンライン版に切り替えて、iPad が利用できるようにすることでした。

教室に置かれたままの教科書を利用する学校と、各生徒に教科書が配られるという学校を訪問した経験が私にはあります。ある学校では、教室に置かれたままの教科書と、それぞれの生徒が家庭で使用するための教科書を持っていました。そのための費用は法外なものでしたが、教科書が読み書きの目標を達成するための重要な要素であると位置づけていたため、管理職は他の分野の支出を削減して、それを実現したのです。

教科書の使い方は学校と同じくらい多様なものですが、私が提案するのは、教師の能力を教科書や指導書に委ねてしまうのではなく、教師の知識と経験を洗練することによって、すべての教科書（紙とオンラインの両方）の使い方を変えることです。

どのように学びを活性化させるのか

本書の目的の一つは、生徒だけでなく教師のためにも学習を活性化させることと、共同学習[11]が学校全体で一般的になる方法を示すことです。各教師が教科書中心のカリキュラムから多様なリソースを使うカリキュラムに移行するのは可能でしょうが、同僚たちの支援がなければこの変革を支えるのはかなり困難となります。[12]

リンダ・ダーリング・ハモンド（Linda Darling-Hammond）は、素晴らしい著書『フラットな世界と教育（The Flat World and Education）』（未邦訳）において、「国際ランキングのトップに急上昇して以来、学校改善のためのイメージキャラクター」と呼ばれているフィンランドのような国々が、なぜ国際的なテストにおいてアメリカよりはるかによい成果を上げているのかについて調べています。

「フィンランドでは、高い成果を上げている国々と同じく、教師の間で、教え方について定期的に協働する時間を学校が確保しています」［参考文献27］

（11）Communal learning の訳として使っています。協同学習（cooperative learning）や協働学習（collaborative learning）とは違い、構成員が互いに協力しあって学ぶことに焦点が当てられています。

（12）この点に関して翻訳協力者から、「納得！　つい個人レベルで終わってしまうことが多いと思うので」というコメントがありました。

このコラボレーションは、教師集団が「『自己責任のある計画、行動および振り返り／評価のサイクル』に従事することを学ぶにつれて絶えず改善されるパワフルな学習環境」〔参考文献27〕の形をなしています。ダーリング・ハモンドは、このような教師の学びの転換が教室での実践に影響を与えたことを指摘しています。「計画、行動、そして振り返り／評価のサイクル」を回し続ける教師が生徒に期待するものを自らやり続けることによって、その難しさと大事さを経験することができるということです。(13)

アメリカで行われている教員研修は、「計画、行動、および振り返り／評価のサイクル」にどのくらいの時間を充てているのでしょうか？〈ワシントンポスト紙〉に書かれていたように、「参加することを義務づけられている教員研修の多くは、教科書の採択、カバーする義務、そして成果が約束されていない教科書ベースの指導案に関連している」〔参考文献62〕だけなのです。教科書疲労は、教員研修さえも悩ませているわけです。

実践と振り返りのコミュニティー

「プロの教師として学び続ける学校（Professional Learning Community、以下ＰＬＣと略す）」の利点はたくさんの書籍で実証されていますが、残念ながら、学校がそれらを成功させるために必要な時間を確保しなければ、多くのＰＬＣは名前だけの存在となってしまいます。多くの場合、

ＰＬＣはチェックリストと手続きに重点を置いて慌ただしく行われており、参加メンバーには生徒の学びや授業の実践に反映するためのエネルギーがほとんど残りません。あまりにも多くの学校で、協働計画が彼らの仕事をより面白く、生産的な環境にするものではなく、教師（そして管理職）にとって長くて多忙な日に、さらに一つの仕事を加えるだけとなっています。残念なことに、頭字語のＰＬＣは、教師から肯定的な反応が得られるものにはなっていません。

私は、全米国語教育者協議会（National Council of Teachers of English＝ＮＣＴＥ）がＰＬＣを「実践コミュニティー（Communities of Practice）」と呼ぶことに大きな意味があると考えます。ＮＣＴＥは、そのコミュニティーの特徴として次のようなリストを挙げています。

・学校が大切にしているもの（学校目標など）とのつながり。
・よく調整された視点、話し合い、そして行動。
・生徒が学ぶ際に突き当たる実践上の問題に取り組むための共有化された資源。
・暗黙知や学びを目に見えるようにすること。［参考文献89］

（13）さらには、それをモデルとして示すこともできるようになります。日本で、このサイクルを回せている教師、管理職、そして教育行政従事者はどれだけいるでしょうか？

教科書疲労を克服するための最善となる方法の一つは、学年レベル、教科領域、または教科横断のチームのいずれかでこのような実践（学習）コミュニティーを形成することです。もう一つの選択肢は、同僚と協働で教えることです。教員グループでの学習を開始したり、継続したりするための情報については、第1章から第7章の最後に書かれてある「実践コミュニティー」というセクションをご覧ください。

これらのセクションは、ピア・コラボレーション（教師同士の協働）のインフォーマルおよびフォーマルな利点を最大限に活用して、各章に示された概念を探る際に役立つように書かれています。あなたの学校の、あなたの同僚の知恵が、名前だけのPLCであったかもしれないものを、活気に満ちた、機能するコミュニティーに変えることでしょう。

文筆家のダニエル・ピンク（Daniel H. Pink）は、「人間は、本来自律性を発揮し、自己決定し、お互いにつながりたいという欲求を備えている」［参考文献99］と述べています。彼は、これらの条件が満たされたとき、達成できることには限界がないとも主張しています。

標準化と指導案の形で準備されたカリキュラムの時代、教科書の表紙に触れる前に私たちは、自律性、自己効力感、そして人間関係の重要性を思い出し、それらを活用する必要があります。それができれば、とくに学習コミュニティー内での相互依存を通して、教育支援のための資源として教科書をどのように使うかについて賢明な決断を下すことができるようになるでしょう。

コラム

「テキスト」「教科書」「テキストセット」について解説

これまで教科書が授業における学びの中心だったわけですが、著者は生徒のことを一番よく知っている教師がその学びにふさわしい資料を用意すべきだと考えています。

生まれたときにはインターネットが存在した今の生徒にとって、ビジュアルは文章を読む際に重要な要素であり、興味関心を失うことなく学ぶために、視覚的な資料は欠かせないものだと著者は考えます。そこで、従来の教科書（Textbook）だけではなく、学ぶテーマに関連した本や絵本、記事や写真、動画なども含めて「テキスト（Text）」と呼んでいます。

また、第7章に出てくる「テキストセット」は、教師（または司書）によって収集される特定のテーマに関するさまざまなテキストで構成された資料のコレクション（セット）のことです。よって、「教科書」はその一部にすぎないという位置づけになります。

これからの教え方を議論したアメリカのある委員会が、次のように述べています。

「アメリカが二一世紀の学習者のニーズを満たすためには、私たちは、工場時代に行っていた学校を管理するという規範から脱却しなければならない。学校を二一世紀の学習コミュニティーに変えるためには、共有された専門知識の、増大するネットワークのメンバーに教師がならなければならないということを認識する必要がある」［参考文献46］

教師がすでに共有化された知識をもっていれば、学習と協働作業によって成長することができるでしょう。しかし、二一世紀に学校がしっかりと機能する様子を見たければ、適切なテキスト（教材）の検討、授業計画、そして生徒たちが夢中になって学習に取り組むといった方法について話し合う時間が必要です（「テキスト」と教科書の違いについては、前ページの**コラム**を参照してください）。

学びを活性化するリソース

本書の各章では、教室でも同僚たちとも、学習コミュニティーに頼ることで教科書の活動を賢く選択し、生徒が難しいテキストを読み解くのを支援するほか、適切な補足資料を見つけるための提案をしています。

・第1章、第3章、第4章では、生徒がどのようにしてすべてのテキストを深く、有意義に読むことができるようにするかについて説明します。
・第2章では、背景となる情報（予備知識）のつくり方に焦点をあてます。
・第5章では、国語以外の教科で書くことを取り入れる方法を示します。
・第6章では、指導の指針となる評価の使い方を提案します。
・第7章では、すべての教科領域でテキストセットを作成するためのアドバイスを提供します。
・第8章では、教科書をたくさんある資料の一つとして使いこなしている学校の様子を紹介します。

教科書疲労を克服する

本書は、教科書に溺れてしまう前に教科書を管理し、教師主体のカリキュラム開発を実現し、教科書の要求に基づくのではなく、教えることを楽しい活動として受け入れる方法について書かれたものです(14)。

これらの目標は不可能なものに思えるかもしれませんが、教科書会社が生徒のニーズを決定するのではなく、教師が生徒のニーズに協力して取り組むというサポートが与えられたことで、学校全体が教科書疲労から解放されたという例を私は実際に見たことがあります。それは、教科書の範囲を超えて、二一世紀のあらゆる種類のツールにアクセスすることを意味しますし、生徒が大学や仕事などにおいて生涯にわたって使うことになるのです。

『ワールド・ブックス(World Books)(15)』のセットがなければ正しい知識は得られない、といったセールストークが信じられなくなったように、今日、情報に精通した新しい世代のニーズを満たすような教科書があるとは思えません。

---

(14) この点については、訳者二人も長年こだわり続けているテーマです。ブログ「PLC便り」の左上に「カリキュラム開発」を入力して検索してみてください。たくさんの情報が得られます

(15) 一九一七年にアメリカで出版された百科事典です。

もくじ

第2章 予備知識――学習を定着させるための「接着剤」　69

第5章

学ぶために書く 179

第6章

学ぶための評価

教科書をハックする——21世紀の学びを実現する授業のつくり方

ReLeah Cossett Lent
OVERCOMING TEXTBOOK FATIGUE
21 st Century Tools to Revitalize Teaching and Learning

Translated and published by SHINHYORON CO., LTD
with permission from ASCD.
This translated work is based on *Overcoming Textbook Fatigue:*
21 st Century Tools to Revitalize Teaching and Learning by ReLeah Cossett Lent.

Japanese translation rights arranged with
ASSOCIATION FOR SUPERVISION & CURRICULUM DEVELOPMENT
through Japan UNI Agency, Inc., Tokyo

第1章

学ぶことは夢中になること

メディア利用のマルチタスカー(1)を意味する「M」から取った「M世代」としてしばしば言及されることでも分かるように、生徒たちは多くの刺激的なメディアを使いこなすことに精通していますが、それほどディジタルメディアからもたらされるものは刺激的なのです。マルチタスクを楽しむだけでなく、生まれながらにディジタル世界の住人である彼らにとっては、電化製品を動かすためにマニュアルを必ず読まなければならない私たちの世代がしばしばイライラの種となっています。

これまで、学校外の生徒たちの生活が教室内とこんなにも違っていたことはありません。M世

(1) (multitasker) 複数の作業を同時並行して遂行できる人を指します。

代の生徒は、めったに紙と鉛筆を使いません。生徒たちの世界はビジュアル画像に取り囲まれ、ソーシャルネットワークは趣味ではなく生き方そのものなのです。事実、神経科医のリチャード・レスタック（Richard Restak）は『新しい脳（The New Brain)』（未邦訳）という本のなかで、脳の可塑性《かそせい》（柔軟性）が私たちの周りのテクノロジーに対応すると書いています。「私たちの脳は、文字通り現代世界が提供している大量の刺激によって、その組織と機能を変化させているのです」［参考文献102］

テクノロジーの世界からやって来たM世代は、教師が教室の前に立ち、パワーポイントのプレゼンテーションを利用したつまらない講義をはじめたとき、あるいは教科書のある章を読んで、章末の問いに答えるように教師が指示したとき、心を閉ざしがちになります。

今日の生徒は、能動的に学んだり、問題解決をしたり、意味のある活動に情報を活用したりする必要があります。それらすべては、教師や保護者が生徒の後押しをしなければならないような教科書疲労が充満するといった環境ではなく、生徒を学習内容に引き付け、夢中になって取り組むマルチメディアの環境です。それでは、いったいどうすればエンゲイジメント（夢中で取り組むこと）がテクノロジーに秀でた生徒と教科書疲労のギャップを埋めることができるのでしょうか？

ノースカロライナ州の高校で理科教師をしているプレア・ネイック（Prea Naick）は、教科書を利用して生徒がエンゲイジするいくつかの方法を実践しています。彼女の生徒たちは、三人のグループになって次のような問いを使い、教科書から取り出した語彙をもとにして、「見える化用紙」（一二二ページから参照）を使って図示するやり方をしていました。

・それは何をしますか？
・それの利点は何ですか？
・問題点は何ですか？
・それが起こっていなければ、どうなっていたでしょうか？
・それを描いてみてください。

この「見える化用紙」をクラスのみんなに発表するための準備時間は制限されていましたので、生徒たちは教科書を参考文献として利用しながら忙しく課題に取り組んでいました。ネイック先生はグループの間を回りながら、質問をしたり、追加の情報を提供したり、激励したりしていました。

脂質の二重層の図を描いていたある男子生徒に呼び止められました。このグループをリードしていた彼は、「見える化用紙」に教科書のイラストをコピーしていましたが、その図については理解をしていませんでした。発表のときに説明しなくてはならないこと、そして教師と同級生から質問を受けることが分かっていたので、彼はその用語について完全に理解しておきたかったのです。

ネイック先生は明快な説明を行い、生徒は熱心に耳を傾けていました。グループの発表後、ネイック先生が彼に完全に理解できたかどうかと尋ねました。彼はうなずいて、親指を立てる合図を送りました。

各グループによるプレゼンの間、生徒たちは「科学者ノート」(2)の語彙のところにメモを取っていました。

このようなネイック先生の授業と、別の教師による授業を比較してみましょう。

別の教師は十分な知識に裏付けられた中学校の理科教師で、教室の前に立って細胞に関する効果的なプレゼンを行い、生徒には教科書に基づいた講義についてくるように指示をしていました。主体的に学びに没頭し、情報を応用していたネイック先生の生徒とは対照的に、この教師の生徒は受け身でただ座っているだけでした。少なくとも一人の生徒は、小説を、机に立てた理科の教科書で隠しながら読んでいました。

エンゲイジメントはなぜ重要なのか？

二、三〇年前であれば、エンゲイジメントという言葉が学会の分科会や専門書のタイトル、そして多くの教室で使われることはありませんでした。なぜなら、教師は教え、生徒はその指導に従う、「それが授業だ」という考え方であったからです。もし、エンゲイジメントがその枠組みの一部であるならば、それに越したことはない、という程度でした。

勤勉で従順な生徒は、一般的に単位を取るために苦労しません。もし、単位を取れない生徒がいれば、教師は生徒のせいにするだけでよかったのです。しかし、卒業率が他国よりも低く、中退率においても問題を抱えているアメリカでは［参考文献94］、エンゲイジメントが新しい流行語にならざるを得ないという背景をもちあわせることになりました。書籍や論文が、エンゲイジメントの利点をほめ称えているのです。

たとえば、各教科指導のなかで読むことに関する生徒のエンゲイジメントが、学力向上を助け(3)

(2)　従来の教師が黒板に書いたり、パワポのプレゼンを写したりするノートではなく、実際に科学者が使っているノートに近い形のものです。同じように生徒たちは、「作家（ジャーナリスト）ノート」、「数学者ノート」、「歴史家ノート」などを他の教科でも使っています。とても効果的です。

る重要な要素であると主張している本もあります［参考文献53］。さらに最近、効果的な事例を提示した本も出版されており、次のように書かれています。

読むことに熱中することと、読むことのテストにおいてよい点数を取ることは好循環の関係にあります。高い成果を残す者はより多く読み、さらに夢中になって取り組むことになるので、より多くのものを達成することができます。同様に、低い成果しか残せない者は読む量が少なく、さらに取り組むレベルが下がるので達成度は低くなります。このスパイラルは、正にも負にも働きます。事実、低い成果が続くことは学校を中退する前兆となっています。［参考文献52］

研究者のなかには、「読む際のエンゲイジメント」は生徒のパフォーマンスに、成績と移民としての在留資格に次いで三番目に大きな影響を与える、と主張している人たちもいます。そして、「読むことと学ぶことに生徒を夢中にさせることができれば、学問的な成功について、克服できそうにもない障害を乗り越えることが可能になるかもしれない」［参考文献14］と書いています。すべての教科領域において生徒が成長するためには、エンゲイジメントがとても重要だということです。

エンゲイジメントとはどのようなものなのでしょうか？

生徒が夢中になって学んでいる教室では、エネルギーを感じることができます。そのような授業では、めったに教科書が学びの中心にはなっていません。その代わり、理解を求める生徒は、教科書の中身をカバーすることではなく、探究のプロセスを大切にします。教科書やインターネットは必要な要素ですが、夢中になって取り組む学び手がいなければ何の役にも立ちません。

別の研究者たちが、「ジャストインタイムな学び」について語っています。これは、「自分が何かを成し遂げたいときには、自分が知りたいと思っていることをいつでも見つけることができる」［参考文献22］という意味です。

私たちは、誰もがこのような体験をしていると思います。たとえば、自分の応援するチームが試合をしたあとはスポーツ記事を熱心に読みますし、嵐で屋根に被害を受けたときは火災保険の契約条項を熱心に読むことでしょう。また、土曜の夜のパーティーのためにオンラインで最適な

（3）日本ではreadingを「読解」と「読書」に分けてしまっていますが、その弊害はとてつもなく大きいものがあります。二つだけを指摘すると、読む力をつけないことと選書能力を身につけないことです。ここでは、それらを一体にしたものとして「読むこと」と訳します。

レシピを見つけ出すはずです。

エンゲイジメントは、退屈な専門書の文章を、自分が知りたいと思っていることを見つけ出せるかもしれないというワクワク感のあるものに変えてしまうのです。ネイック先生は、脂質の二重層に関するジャストインタイムな授業をしていたのであり、生徒たちは、教科書が求めているものを提供してくれない場合はほかの資料を探したことでしょう。

しかしながら、現実の授業では、知りたいと思う気持ちもなしにあまりにも多くの生徒が教科書を読んでいます。彼らは、教師を満足させるために、あるいはワークシートの空欄を埋めるために必要な情報を見つけては次のページへと移り、やる気がなく、中身がつまらないことを確信するだけなのです。

それでは、いったいどうすれば、教室の中で明るく火花が飛ぶように、学びへの好奇心に火をつけることができるのでしょうか? さらに大切なこととして、自分には関係ないと生徒が思ったり、退屈に感じたりする教科書やほかの教材にどうすれば夢中にさせることができるのでしょうか? 簡単な答えはありませんが、「夢中になって読むのを可能にするジョン・ガスリーのモデル」は大切なスタート地点になります。それを示した**表1-1**を見てください。

教師として私たちはみんな、生徒たちがもっと知りたいと思えるように、身体の内側から湧き起こってくるやる気に刺激を与えるようなテーマを設定したいと思っています。「水場に馬を連

表１－１　夢中になって読むのを可能にするジョン・ガスリー（John Guthrle）のモデル

エンゲイジメントの原則	原則の説明	教室での実践
習得目標を決める	生徒は成績や報酬よりも、本質的な理解のための目標を達成したいと思っている。	・課題の関連づけ ・体験的な活動 ・もう一度教わる機会の提供 ・結果よりも、努力をより重視
コントロールと選択を生徒に提供する	生徒は読むことにオウナーシップをもつ。	・学習方法の選択肢の提供 ・生徒のカリキュラムへの関与 ・知識の表現方法の選択肢の提供 ・探究型プロジェクトの実施
他者との関わりを含める	生徒は協働して学ぶ。	・生徒主導のオープンな議論 ・協働して考える時間の提供 ・生徒との個人レベルでのかかわり ・パートナーシップの構築 ・時間の経過とともに生徒相互の刺激のしあいを重視
自己効力感を奨励する	生徒は自分たちが読むことができると確信しており、成功するよう努力する。	・生徒と文章の間のギャップの認識 ・生徒の能力に合う文章探し ・生徒自身の目標設定によって自信を育む
興味関心を育む	読む文章やテーマが魅力的だと生徒は感じている。	・現実世界とのつながりを重視 ・個人の興味関心の拡張 ・自己表現できる課題や悩ましい課題の作成

Source: From *Engaging Adolescents in Reading* (pp. 133–134), by J. T. Guthrie (Ed.), 2008. Thousand Oaks, CA: Corwin. Adapted by permission.

れていって水を飲ませる」という諺《ことわざ》があります。しかし、不幸なことに、簡単には喉の乾かない（4）多くの馬たちを私たちは見てきました。本章では、お互いに学び合うのと同じく、テキストからの学びにも生徒が夢中になれるといったさまざまな実践を紹介していきます。

習得目標によるエンゲイジメント

習得目標は達成目標と同じではありません。後者、つまり成績は、しばしば学校での主な目標となっています。ダニエル・ピンク（一六ページ参照）は、これを次のように区別しています。「フランス語でAを取るというのは達成目標。フランス語を話せるようになるというのは学習（習得）目標だ」〔参考文献99〕

たとえば、数学でベクトルを勉強している中学生や高校生のための達成目標は、その生徒が大学に進学し、工学を専攻することを切望するならば、概念を深く理解することになるでしょう。しかし、この達成目標は、生徒が成績を上げるために課題を完了することになります。テストに合格してしまえば、その生徒はこの概念を理解しているかどうか気にしないかもしれません。

一方、算数の授業でクリスティー・アダムス先生が小学校三～四年生のクラスで最初に行った活動は、ソフトドリンク、動物、休日、色などについて、自分の好きなものに投票することでした。それからアダムス先生は、投票結果に基づいて分数をつくる方法を生徒に教えました。生徒は、自分の好みがクラスメイトのものとどのように重なっているのか知りたくて分数を理解したかったのです。アダムス先生は、分数を学ぶことに関する習得目標を生徒がクリアできるようにうまくサポートしたことになります。

次のような研究結果を報告している研究者もいます。

「達成目標を推進する教師は、日々の授業において、かなりの退屈さ、楽しくないこと、そして興味がないことを報告する生徒を抱えていた」［参考文献32］

達成目標を習得目標に転換することができると、いつでも生徒を夢中にさせ、内容理解を促進させる機会が増えることになります。

習得目標と意味のある学び

私たちの能力についての考え、あるいはダニエル・ピンクが言うところの「自己理論」によると、それらはすべて習得と関係しており、自己効力感や仕事で成功するための能力に関する信念はすべてエンゲイジメントに関係しています。

（4）一七ページのコラムを参照ください。

生徒が習得のマインドセットを伸ばし、自分にとって意味のある学びを成し遂げられると信じるとき、彼らは学びの限界を把握し、しばしばその目標を上回っていきます。そして、生徒のエンゲイジメントは次の問いに要約されることになります。(5)

「なぜ、この内容を学ぶことが重要なのか？」

あるいは、生徒の言葉で言えば、「なぜ、これをやらなければならないの？」です。

生徒には、これらの問いに対する答えを知る権利があります。確実に、あなたが彼らの質問に答えられるように、あなたがあるテーマや情報について教えはじめる前に次のような質問について考え、その答えを生徒と共有してください。

・この特定のテーマ、情報、章は、この生徒たちにどのような意味があるのか？
・このテーマ、情報、章はなぜ重要なのか？
・この情報を、生徒たちはどのように利用できるのか？
・このテーマについて、私は生徒の生活、興味関心、ニーズにどのように関連づけることができるのか？

コントロールと選択によるエンゲイジメント

ダニエル・ピンクは、学びにおいては「自律性」、「目的」、「熟達」という三つの要因がモチベーション（動機づけ）に貢献していると主張しています。誰かにコントロールされることの対極に自律性が存在していることを考えると、教室でそれがどのように見えるのかがよく分かります。伝統的な教室では、教師が学ぶ内容、伝える方法、評価、座席の配置、使用する教材の種類、生徒相互の交流頻度、そしておそらく部屋の温度に至るまですべて管理しています。二一世紀の学習者に必要な特徴として、ピンクは自律性を「自己の方向性」と名付けています。

「自律性とは、選択をして行動することを意味する。つまり、他者からの制約を受けずに行動ができ、他者と円満に相互依存もできる、ということだ」［参考文献99］

そして、彼は次のように指摘しています。

「自律性は、個人のパフォーマンスや姿勢に強い影響を与える。最近、行動科学の分野で実施された多数の研究によると、自律的なモチベーションによって、全体的な理解が深まる、成績が向

（5）マインドセットは、自分自身やほかの人の行動や態度に影響を与える一連の思考様式です。

上する、学校生活やスポーツで粘り強さが強化される、生産性が上がる、燃え尽きるケースが少なくなるといった精神面における健康に大きな改善が見られたと報告されている」〔参考文献99〕

ネイック先生が教えているクラスの生徒たちにはまったく自律性がなかったかもしれませんが、彼らが使いたい「見える化用紙」の種類やチャートの表示方法については選択することができました。学習内容、課題、読む文章、パートナー、発表の仕方、提出の期日、または評価方法などにおいて選択肢をできるかぎり多く提供すれば、とくに学習内容に関連を見いだすことができず、興味が湧かない生徒にとってはエンゲイジメントのための鍵となります。

いつも生徒をコントロールしている教師は、一歩ずつでいいですから着実に前進していきましょう。以上に挙げる選択肢の一つを生徒に提供することからはじめるのがよいでしょう。

・文章の一部を選んで読み、それから彼らが学んだことをジグソー学習(6)する。
・自分の知識をもっとも発揮できると思う評価方法を、さまざまな評価形式から選択する。
・テーマに関連する補足テキスト(本、記事、ウェブサイト)を選び、授業時間を使って資料を読むようにする。
・ジャーナルに書けるように書き出しや問いを順番に考えるか、テーマに関する質問に答える(ジャーナルの詳細については第5章を参照してください)。

・さまざまな「見える化用紙」やメモを取る方法のなかから、自分にとってもっとも意味のあるものを選んで使う。

・授業中に、読み終えたり、課題を完成させたり、テーマについてクラスメイトと話したりする。生徒が課題を完成させたら、自らのポートフォリオにそのまとめを記入したり、テーマに関連する本を読んだりする。また、オンライン・リサーチを行うなどの活動のなかから選択できるようにする。

・推論や事実を裏付けるために、本や文章（または実生活）のなかから事例を見つける。

・章やテーマについて質問したいことを書き出す。

・課題、とくにプロジェクトの提出期日を選ぶ。期限を守れない場合は、理由書を提出する（課題のやり直しについての詳細は第6章を参照してください）。

二人の研究者が、たった半ページの文章題を完成させることができなかった生徒たちに不満をもっている数学教師についての論文を書いています。この数学教師が、ある章の終わりのところ

（6）学習者同士が協力し合い、教え合いながら学習を進める学習方法です。所属するグループ以外に、各グループの構成員から成る専門家グループをつくり、そこで異なる学習内容を学んだあとで再び所属グループに戻って共有し、振り返るという流れになります。

で、奇数項目か偶数項目のどちらかを完成させるという選択肢を生徒に与えました。すると、驚くべき結果が出たと言います。

「生徒の九〇パーセントが宿題を終えました。驚くべきことに、多くの生徒が、どの問題がもっとも簡単であるかを決めるためにすべての問題を読んでいたのです。そして、それらすべてを解いたあと、もっともよくできたと思った半分を提出したのです」［参考文献38］

選択することは、テキストに熱中して取り組むための特効薬かもしれません(7)。

他者とのかかわりを通して生徒を夢中にさせる

教育実践に関して一つの変更ができるのであれば、私はより多くの協働学習をすることをあなたにおすすめします。最高の成果を上げている国々の教師に、実践を振り返り、改善を目的として一緒に仕事をする時間が与えられているように、ともに学ぶ時間を与えられた生徒も学びを飛躍的に向上させるのです。

「生徒は小グループで学んで、教科の探究学習を計画し、それを実際に行い、発表するように言われたとき、算数・数学、歴史・地理、理科、国語のテストでもっとも高い点数を取りました」という研究が紹介されている本があります［参考文献57］。彼らがより高い点数を取った理由の一つは、おそらく自ら学んでいることにエンゲイジしていたということでしょう。

情報を伝える教師の話を聞くために、友だちと話ができないように列ごとに並んで座るという授業のスタイルは、時代遅れであるだけでなく、「学び」に害を及ぼしていると言えます。そのようなクラスの生徒には、教科への興味が失われ、合格するために必要なこと以外はやらないということ、そして学ぶ意欲の低下という二つの問題があると報告されています。

今日の生徒には、情報を探してきて、それを利用したり、問題を解決したりするために積極的に協力する必要があります。「生徒たちに静かに座って聞くように言っても、彼らを生涯にわたって学ぶ人間や意欲的に物事に取り組む市民に変えることはできません」〔参考文献127〕と主張している研究もあります。今日の生徒は、他者とともに学ぶ必要があるということです。

他者とのかかわりによるエンゲイジメントの概念には二つの方向があります。一つは協働学習です。これは、生徒が問題を一緒に解決したり、探究学習に参加したりすることによる自然の結果です。おそらく、鍵となる問いからはじまる「ウェブクエスト」や「実験」の形をとることになるでしょう（第4章と第8章を参照。『「学びの責任」は誰にあるのか』も参考になります）。

もう一つは、他者とのかかわりという行為そのものです。つまり、共通の目標またはタスクを

（7）選択する学習について詳しくは、『教育のプロがすすめる選択する学び』を参考にしてください。

もつグループの一員であることから生じる知恵と、それによる相乗効果です。

あるテーマに少し興味をもっていて、あなたが会議またはイベントに行ったときのことについて考えてみてください。たとえば私は、住んでいる地域の貧困から生じる飢えの問題を改善するために、野菜を育てているコミュニティーの住民グループの会議に行きました。私の夫はガーデニングに興味をもっていましたが、私はそうではありませんでした。三年後の今、私は広報委員会の委員長のほか、グループが発行するニュースレターの共同編集者を務めています。どうしてかって？　メンバーとのかかわりが楽しいからです。ガーデニングに対する私の興味は増していませんが、このグループの人々は私にとって家族のような存在となり、休むことなく私は会議に出席しています。これが、私が教室でおすすめするコミュニティーの形なのです。

生徒は、学習内容に魅了されないかもしれません。実際、私がガーデニングでそうだったように、悪戦苦闘することもあるでしょう。しかし、私と同じく、彼らも授業に出席し続けるはずです。なぜなら、彼らも親密なグループの一員として一緒に楽しんでいるからです。

それは、単にいい考えであるだけではありません。ある研究者は、生徒の対人関係にまつわる目標が教室で達成されると、よく学び、成績を上げ、認められる行動を取り、学業成績を追求したいという欲求が高まったことを発見しました。このようなアプローチが、教室や学校における寛容さを高め、いじめを減らすのに大いに役立っていることを私は目の当たりにしてきました。

誰かの強みや違い、願いや目標、不安と恐れを本当に知るようになれば、友だちをいじめることができなくなるのです。生徒による協働学習にマイナス面はありません、と言い切ることができます。(8)

所属感をどのようにつくり出すか

グループのなかで役割や仕事をもっているとき、生徒は所属感を感じます。あなた自身の教科でつくることができるチーム（あるいは、上級学年の場合は委員会）について考えてみてください。どの生徒も、教科の学びに関するグループでの役割に加えて、少なくとも別の作業グループの一つに属するようにします。以下に示すのは、あなたが教室内に形成することができるいくつかの委員会例です。

・〈タイム（Time）〉〈ニューズウィーク（Newsweek）〉〈USA Today〉などの週刊誌や新聞（オンラインまたは印刷物）を精査し、現在の学習テーマあるいは以前の学習テーマに関連するニュースを教室内にまとめて表示する最新の「時事チーム」をつくります。

---

(8) これは教師の学びにも言えることです！『教育のプロがすすめるイノベーション』の第4章「関係、関係、関係」を中心に参考にしてください。

たとえば、科学者たちが冥王星は惑星ではないと決定したとき、理科の最新時事チームはそのニュースに関連する記事をすべて探し出し、掲示板に掲載する記事を用意し、新たな進展について口頭で発表しました。同じく、オサマ・ビン・ラディンとムアマル・カダフィが殺害されたときにもそのように行われました。これらは重要な歴史的事件ですが、教科書で扱われるまでにあと数年はかかるでしょう。

・小学校の高学年や中学校で、作文課題の導入、結論、構成などについて生徒を支援する「ライティングチーム」をつくります。たとえば、国語の授業では、これは校正チーム（漢字に秀でた人たち）、読点のルールを習得している読点チーム、あるいは語彙チームなどに特化することもできます。理科の授業であれば、科学的方法と実験レポートの執筆をする生徒を助けるチームなどが考えられます。

・任意の学年レベルで「親睦チーム」をつくります。生徒が誕生日リストをつくり、その日に該当する生徒を称えるようにクラス全体に伝えます。ある高校のクラスでは、「秘密の仲間」をみんなが一人選んで、少なくとも一人は自分にとって特別な存在がいるといった仕組みをつくりました。これらの活動は授業時間にかかわるものではありませんが、前向きで思いやりのある学級風土を構築することにつながり、学びを強化するのに役立ちました。

・学習内容やテーマに関連したほかの特別なチームを考え出してみてください。たとえば、アートチーム、テクノロジーチーム、ブックチーム、物品調達チーム（印刷物の配布やコンピューターの電源投入のようなもの）などが考えられます。

いずれにせよ、クラスのオウナーシップ（自分が主役となってクラスを動かしているという意識）を生徒がもてるようにすることができれば、その効果に限界はほとんどないでしょう。

ミニ・コラボレーション

伝統的な教室の教師は、質問をしたとき、手を挙げている生徒を指名するか、教科書で顔を隠している生徒を指名します。どちらの場合でも一人の生徒に答えさせるわけですから、残りの生徒はただ聞くだけとなります。少なくとも何分かは、彼らは教師に注意を払われることもなく、安全にほかのことを考えることができます。たとえば、海に出掛けることや、その日の朝に友人と交わした話や、昼食に食べる予定としているもののことです。

生徒を他者との交流に参加させ、教科書疲労を克服するために最善となる方法の一つは、よく知られているものですが、「Think-Pair-Share（考え、ペアになって、共有する）」[9]と呼ばれるフランク・ライマン[10]によって開発された方法です。

教師が、「黒板に書いた文章題について数分（あるいは数秒）考えてください」と言うところを想像してみてください。次に、学習パートナーのほうを向いて、この文章題にどのように取り組むかについて説明してください。今、すべての生徒が積極的に課題に取り組んでいます。この実践バリエーションは次のとおりです。

・考え、書き、ペアになって、共有する。
・考え、ペアになって、共有し、ブログを書く。
・考え、ペアになって図を描き、共有する。
・考え、ペアになって、問題を解き、共有する。
・考え、パートナーと共有し、小グループで共有するかクラス全体で共有する。

同様に、指定したところで読むのをやめさせて、学習パートナーに「何かをコメントする」ように求めることもあります。

・なぜ、これがあなたにとって理にかなっているのか、あるいはなぜ意味がないのか説明してください。
・読んだ内容から、自分の生活のなかで起こったこと、これまでに聞いたこと、または別のテキストで読んだことと関連づけてください。
・文章（あるいは問題）のなかで、あなたを混乱させたものがあれば指摘してください。
・最後に読んだ（または取り組んだ）部分を要約してください。
・今、読んだり、見たりしたことについて、三つの質問をお互いに出し合ってください。
・今、学んだことが、これまでに学んだことにどのように当てはまるのかについて説明してください。
・読んだテキストのなかに反対する意見はありましたか？　また、その理由は何ですか？
・読んだ（あるいは行った）ことを下級生にどのように説明しますか？
・今、読んだばかりのことについて、もっと知りたいことは何ですか？

他者と交わる学習環境の創造は、困難を抱えている生徒が、学校との否定的な関係や学校における学習に対する反抗的な態度を克服するのにも役立ちます。また、移民として入国したばかり

(9)　まず、各自でしばらく「考え」ます。二番目の「ペアになって」は、二人で考えたことを紹介しあうという意味です。最後の「共有する」は、各ペアが話し合ったことをクラス全体で共有しあうことを指しています。
(10)　(Frank Lyman) 一九八一年にアメリカのメリーランド大学に在籍し、協同学習の方法としてこのやり方を提唱しました。

の英語学習者にとっても不可欠と言えます。

他者のとかかわりは、クラス全体では声を出せないでいる生徒に質問をしたり、誤解をはっきりさせたり、つながりを深めたり、非公式ではありますが、分かりやすい方法で理解の確認を行ったりすることになります。

たとえ生徒が、学習に取り組んでいないか、あるいは時間を無駄にしているように感じることが時々あっても、一緒に学ぶ生徒が協力しあうことで有益な結果がもたらさせるということを覚えておいてください。もし、時には騒々しいとされるこのアプローチを正当化する必要が生じたときは、あなたをバックアップするだけの研究がたくさんあります。たとえば、個人で学ぶ生徒よりも高いレベルを協同チームが達成し、情報をより長く保持することを発見したという研究もあります［参考文献64］[11]。

自己効力感によるエンゲイジメント

自己効力感、すなわちあなたが何かを達成できるという「信念」と「決意」はエンゲイジメントの重要な要素となります［参考文献3］。国語の教師に、これまでの人生において一冊も読み通したことがないという事実を打ち明けた一〇年生[12]のように、多くの生徒は一冊の本を全部読むことができないと思っています。幸いなことに、教師はその生徒を見捨てませんでした。教師は、シャロン・ドレイパー[13]によるヤングアダルト小説を見つけました。それは、生徒にとって興味深く読むことができる本でした。事実、生徒はその本を最初から最後まで読み、読み手としての認識を自ら完全に変えることができました。自己効力感は非常に重要です。レビューにおいてある研究者は、「学習に対してより高い効力感をもっている生徒は、実際により高い学力を示した」ことを確認しています［参考文献111］。

もちろん、一晩で認識を変えることはできません。とくに、「テストの不合格者」として分類され、「テストの合格者」になることのみを目的としてクラスに入れられた生徒には否定的な認識が深く根付いているものです。すべてに関する良し悪しが、単一化され、標準化されたテストのみで決定されているからです。

私たちはこれらの生徒たちとたくさんのことをしなければならないのですが、コンピューター

（11）理論的な裏付けではありませんが、訳者の一人が、一九八〇年代の半ばに出合った『ワールドスタディーズ』（ＥＲＩＣ発行）という本のなかで紹介されている「活発な話し合いをするための（九つの）ヒント」（一九ページ）は、実践する際にとても参考になり、現在でも活躍しています。
（12）アメリカでは、九～一二年生が高校生です。
（13）（Sharon M. Draper）二〇一四年に『わたしの心のなか』（横山和江訳、鈴木出版）が邦訳されています。

採点の問題用紙に記入することとは何の関係もありません。数学を「できない」と信じている生徒であれば、ページ上の数字を「意味のある記号」としてではなく「ぼやけたもの」としてしか見ていないでしょう。生徒の自己効力感の構築は、算数・数学、理科、歴史、その他すべての教科を学ぶことができ、文章読解ができると確信させるだけの肯定的な経験の提供によって達成することができます。彼らができないのは、必要な予備知識が欠落しているために、読んだり解釈したりすることが難しいテキスト（本）をうまく読み解くことなのです。

予備知識を構築する方法については第2章を、テキストが難しすぎると感じている生徒への適切な方法については第4章を参照してください。また、テキストセットに関する第7章も予備知識の構築に役立つかもしれません。

興味関心によるエンゲイジメント

エンゲイジメントのもっとも難しい要素の一つは、学習者の興味関心を引き出すことです。多くの教師は、生徒の興味関心をそそる電子機器とは競争にならないと感じています。それらが、すでに生徒の生活における一部になっているからです。私たちは疲れきった奴隷のような状態になることなく、生徒たちを学習内容に熱中させる方法を見つけなければなりません。

言ってみれば、興味関心は好奇心の前兆です。しかし、残念なことに、教科書に書かれている内容の多くは、好奇心というものをまったくと言っていいほど考慮することなく提示されています。教科書の編集者は、章の見出しを質問に換えたり、「何を知りたいですか?」と書いたりすることはありますが、そのような定型化された方法は生徒がすぐに見透かしてしまいます。

とはいえ、興味深いものもあります、それは多くのカラフルな写真、関連情報のサイドバー、一次資料、図表、地図、そして教科書のテーマを彩る視覚的な要素です。これらは視覚的リテラシーの一形態であり、生徒は活字を読むことを学ぶ場合と同じように、これらの画像を読む方法についても学ぶ必要が生じます。ビジュアルの世界に住んでいる生徒は、テキストのさまざまな配置や非言語的な機能に対して積極的に反応する一方で、視覚的な要素がない、長い文章だけのものに対しては否定的な反応をします。

扱うテキストに興味関心を起こさせる簡単な方法は、読みはじめる前に章全体を見て、彼らを引き付けるであろう視覚資料に目を向けてもらうことです。年長の生徒であっても、事前に側面記事を示しておかないと、内容を理解するのに役立つ魅力的なそれらの記事を飛ばしてしまうことがあります。見たことについて話す時間を与えたり、質問をしたり、コメントをしたりするように促して、生徒の興味関心を喚起するのです。

ビジュアルな資料を利用して章の内容を生徒に予想してもらうことは優れた読書方法であり、

優れたモチベーションとなります。また、付箋紙を用意して生徒に質問を書き込んでもらい、読みはじめる前にそれを視覚資料の該当箇所に貼ってもらいます。彼らが読みはじめたとき、その付箋を見ることで答えがテキストに提供されているかどうかを確認することができます。

各州共通基礎スタンダード(14)が指示するように、私たちは分厚いテキストに生徒を挑戦させ、彼らがそれを読めるように手助けをしなければなりません。しかし、それは、果てしなく長い文章を読むことや、問いに答えるためにテキストを飛ばし読みするといったことでは達成できません。興味関心を失うことなく長時間にわたって読み続けるという能力は、練習によって培われるスキルなのです。第4章で説明するように、主体的な読み方を学ぶことは「読む時間を延ばす」もう一つの方法なのです。

探究を通じた興味関心

生徒があるテーマに好奇心をもつようになると、彼らは興味関心を深めることになります。あるテーマが教科書に提示されているという理由だけで、それをそのまま生徒に提示されることがよくあります。『もっと好奇心をそそる心を育む（Developing More Curious Minds）』（未邦訳）[参考文献8]という本のなかで著者は、教師に好奇心旺盛な文化をつくり出すことを求めています。残念ながら、多くの教科書はこのような考え方を生み出していませんが、編集者が扱っている概念をケース・スタディーの形で提示している中学校の教科書シリーズを見つけました。教科書に、そういったものがもっと含まれていたらいいのになーと思います。

教科書を資料として使うときは、一つのテーマや概念を取り出し、それを探究の観点から考えるとよいでしょう。

・**中学校理科・地学** 何が津波を起こすのか?
・**小学校社会科** なぜ、アメリカ人入植者はイギリスからの独立を強く望んだのか?
・**高校・国語** なぜ、死について書かれた詩がたくさんあるのか?
・**算数・数学** どの操作を習得する必要があり、どの操作は電卓ですることができるのか?

好奇心旺盛な環境のなかで生徒の好奇心を満たすために行う情報の探究において、教科書は一つの情報源でしかありません。学校によっては、教師が生徒に「鍵となる質問」を作成させることによって単元をはじめているところがあります。学習内容の情報は、これらの質問を拡張したり、答えたりすることを目的として提示されています。自分たちが出した質問であれば、単元の間中、探究を導いてくれるので、生徒たちは提示される情報に関心をもち続けることになります。

(14) 五ページの訳注(6)を参照してください。

以上は、すべて「正解あてっこゲーム」の枠組みではなく、実際にあることに取り組む枠組みのなかで行われます。ほかの参考書と同様に、教科書を知っておくべきことを見つける目的で使用すれば、私たちのニーズを満たしてくれるのです。

好奇心と興味関心を学習の動機づけとして用いるという考え方は、卒業要件のなかにシニア・プロジェクトの完成を義務づけている多くの州においてすでに実践されています。たとえば、コネチカット州では、個別学習を推進しながら、生徒に最大限の挑戦ができるように特別な設計がされています[15]［参考文献23］。

このようなプロジェクトは、生徒が自分の関心のもてる学問分野を見つけ、研究プロジェクト、ポートフォリオ、インターンシップ、コミュニティーサービス・プロジェクト、またはグループワーク、リフレクション、ICTを含むほかの活動に従事する形で、一年または一学期間の研究として行われています。たいていの場合、地域の住民、教師、そして選んだ分野の専門家が含まれる評価者の前で、プロジェクトのパネル発表が行われています[16]。

各州共通基礎スタンダードが実施段階に移行すると、複雑で深い学びの最前線にエンゲイジメントを位置づけることがこれまで以上に重要となります。コロンビア大学リーディング＆ライティング・プロジェクトのカルキンズをはじめとするメンバーは、「エンゲイジメントは学びに不可欠なものである」と述べています[17]［参考文献18］。

エンゲイジメントではないもの

エンゲイジメントと教科書疲労についての最後のポイントは、「エンゲイジメントは娯楽を意味するわけではない」ということです。ユーモアは学習をより魅力的なものにしますが、ビデオゲームやお腹がよじれるほど笑わせるコメディーを教師が演じて生徒を楽しませようとするわけではありません。また、つまらないテーマを生徒に紹介したり、生徒が興味を示さないような内容を読んだりしてもらうことを全面的に否定するわけでもありません。そうではなく、あなたが教室の前方から離れて、生徒が教科で扱っている内容に主体的に参加することによってその隙間を埋めることができればエンゲイジメントは発生するのです。学習は教師のために行うのではなく、自分のために行ったほうがいいと生徒が悟ったときにエンゲイジメントが起こります。

---

(15) 高校卒業ための要件として、一学期～一年間個別プロジェクトに取り組み、理解したことやできるようになったことを公の場で証明します。『シンプルな方法で学校は変わる』の一七二～一七五ページを参照してください。

(16) 発表の場には、多くの一二年生やその他の在校生もいます。この仕掛けも、この学びを「本物の学び」にしている大きな特徴になっています。

(17) (Lucy Calkins) 小学校と高校の教師であったが、一九八一年にコロンビア大学に「読み書きプロジェクト」を創設し、所長を務めてきました。『リーディング・ワークショップ』をはじめとして著書が多数あります。

実践コミュニティー　生徒を夢中にさせる

この実践コミュニティーでは、教師はガスリー（四三ページ参照）[18]が提案しているエンゲイジメントの方法の一つについてアクション・リサーチを行います。以下は、グループでの活動のために提案された概要です。

ミーティングでは……

❶パートナーと、**表1-1**（四三ページ）の一番右側の列（教室での実践）から取り組んでみたいものを一つ選択し、あなたたちが教えることになっているテーマにどのように応用できるかについて話し合います。

クラスでは……

❷あるクラスでは、伝統的な方法で授業や単元を教えます。別のクラスでは、この章で提案されている一つ以上の方法に焦点を当てた活動を実践してみます。本書の別の章を読んで、ガスリーのエンゲイジメント・モデル（四三ページ）に関連する活動を特定したり、自分独自の活動を開発したりすることもできます。

❸授業中は、以下の点に注意してメモを取ってください。
・各クラスのテーマに対する生徒の最初の反応はどんなものか？
・アクション・リサーチ期間中、どちらのクラスの生徒の反応がよかったか？
・この期間中、どちらのクラスがより多くの深いレベルの質問をしたか？
・各クラスの評価はどうだったか？
・エンゲイジメントを理解するのに役立つ観察として、どんなものがあったか？
❹各クラスの単元の最後に、課題に対する生徒の動機とエンゲイジメントを評価するための調査を行います（たとえば、次ページの**表1－2**のようなもの）。

フォローアップのミーティングでは……

❺グループ内のほかのメンバーとメモや生徒による自己評価などを比較検討し、振り返りをもとに活動を修正します。

（18）一九四四年、当時MITの教授であったクルト・レヴィンにより提唱された研究法です。教育分野では、「現職教師が自己成長を目指して行う自分サイズの調査研究」であり、「計画」、「実行」、「実行結果についての事実発見」が螺旋上昇するものとして理解されています。詳しくは、『シンプルな方法で学校は変わる』の四〇～四四ページを参照してください。

表1－2　エンゲイジメントについての自己評価

生徒名：＿＿＿＿＿＿＿＿＿＿ 単元またはテーマ：＿＿＿＿＿＿＿＿＿ 次の各問いに該当する点数をつけ、ページ下の欄には自由に感じたことをコメントしてください。 1＝全然　2＝多少　3＝まあまあ良い 4＝かなり　5＝とても	
1. 先生がこの単元を紹介したとき、このテーマに関して学ぶことについてどれくらいの興味関心がありましたか？	
2. グループまたはパートナーとともに学ぶなかで、あなたのエンゲイジメント（取り組みの度合い）は高まりましたか？	
3. このテーマは、あなたの生活にどの程度かかわりがあると思いましたか？	
4. この単元の学習を進めていくなかで、読む本や文章、完成させるべきプロジェクト、ともに学ぶ仲間などを選択することが許されていましたか？	
5. 学びが進行する過程で、このテーマについてもっと知りたいと思う気持ちが湧きましたか？	
6. この単元を終えたあとで、このテーマについて読んだり、オンラインで調べたりしますか？	
コメント：	

第2章

予備知識——学習を定着させるための「接着剤」

予備知識というのは、すべての人生経験から生まれた「ぼんやりと残ったもの」〔参考文献107〕の集合体です。赤ちゃんでも、一〇〇歳の老人でも、意識的であれ無意識的であれ、あとで起こるすべての経験に対してみんな多様な予備知識をもっています。そして、その知識を使って、新しい情報を古いものにつなげたり、定着させたりします。予備知識は新たなアイディアや経験を理解する手助けとなりますので、学習には必須です。

次ページの写真をご覧ください。「全米協会本部は女性の参政権に反対」というサインが掲げられたビルの前でカメラに背を向け、情報を得ようと列をつくっている男性たちが写っている二〇世紀前半の写真について考えてみましょう。右端では、一人の女性が同じくカメラに背を向けていますが、彼女のボディランゲージは、男たちを見て反応していることを示しています。もし、

「参政権」という言葉を知っている人がこの写真を見たら、ドラマティックな皮肉が描かれていると理解することでしょう。

一方、「参政権」という言葉を知らない、もしくは参政権の運動に対する予備知識がない人が見た場合、この写真が語っていることを読み取ることはできないでしょう。読み取ることのできる人が、頭がよいわけでも、読み取れない人よりも進歩的なわけでもありません。単に、意味をくみ取るための鍵となる知識をもっていただけです。

たとえば、「参政権」という言葉だけの予備知識をもっていれば、誰でも写真についての簡単な読解の質問に答えることができるでしょう。しかし、「参政権運動」や「女性の投票権の要求に反して生まれた暴力」というより広い予備知識があれば、この写真の理解は深まることになります。写真について理解ができない

全米反参政権協会本部

Source: Library of Congress, Prints and Photographs Division LC-USZ62-25338 DLC

ということは、文章が理解できないということと同じかもしれません。

このようなことは、不十分な予備知識しかもっていない生徒においてよく起こります。彼らは写真を見るかもしれません（つまり、発音を間違うことなく完璧に読め、その文に対していくつかの質問にも答えられます）が、適切な予備知識なしではすべての意味をくみ取ることができないということです。

予備知識の重要性

二〇一一年三月、日本の東日本が津波に襲われたすぐあと、私は八年生(1)の社会科のクラスを訪ねました。教科書を使わずに、先生は災害に焦点を当てて授業を展開していました。〈USA TODAY紙〉のコピーを生徒たちに配り、福島第一原子力発電所の原子炉でメルトダウンが起きたという、差し迫る危険について書かれた記事を読んでいました。

突如として私は、自分がもっている予備知識では、発生する可能性のある重大な事態を理解するために不十分であることに気づきました。もちろん、原子炉がメルトダウンを起こすというこ

(1) アメリカでは九〜一二年生が高校生なので、八年生は中学校の最上級生となります。

とがとても重大な出来事であることは知っていましたが、それとは別に、原子炉がメルトする（溶ける）ということがどういう事態なのか見当もつかなかったのです。

実際に何が起きたのかとても気になったので（内発的なモチベーションのパワーです！）、インターネットで原子炉について書かれた記事をいくつか読み、起きるかもしれないシナリオを描写した簡単な図も見つけ、原発エンジニアを定年で辞めた父に、「原子炉はどのように機能しているのか？」と尋ねました。欠けていた私の知識はこれらの行為によってやっと満たされ、理解することができました。

では、予備知識はどのくらい重要なのでしょうか？ ロバート・マルザーノ(2)が、「生徒が内容についてすでに知っていることこそ、彼らが内容にまつわる新たな情報をどれだけ学べるかを強く示すものである」と言っています［参考文献78］。また、ジョン・ガスリー（四二～四三ページ参照）は、予備知識なしの理解は不可能だと断言しています［参考文献52］。そして、全米研究評議会は、「すべての学びは、それまでの経験からもたらされる。初めて学ぶことでさえ、それまでの経験と予備知識をもとに行われる」と断定的に述べています［参考文献90］。

予備知識

生徒と教師が抱える問題は明確ですが、それぞれの予備知識は同じではありません。理科の教科書を開き、星や宇宙について書かれた章を見てみましょう。

典型的な理科のクラスでは、七年生から上の学年となる生徒たちはさまざまな小学校から来ています。彼らのなかには、学生のころにプラネタリウムで働いていた教師に理科の授業を担当してもらい、さらにその教師がとても熱心で、授業において簡単なプラネタリウムをつくってもらったという経験があるかもしれません。一方、このような教師とは違って、天文学について学んだこともなく、予備知識がほぼ皆無という教師に教えられていた場合もあるでしょう。さらに、両親が望遠鏡を持っている生徒たちや、明るすぎる都会に住んでいるために夜の空など気にかけたこともないような生徒たち、そして、星について最初から興味があり、星座についてインターネットで調べているような生徒など、理科のクラスには多様な生徒がいます。

予備知識には感情的な側面もあります。よい例として、五年生の教科書に書かれている公民権運動の知識について見てみましょう。

アラバマ州のバーミンガムにある「ケリー・イングラム公民権記念公園」へ行ったことのある生徒なら、一九六三年に起きた「十六番街バプティスト教会」での爆破事件について勉強すると

（2）（Robert Marzano J.）長年、教師に人気のある実践的な本を執筆し続けている教育者の一人です。現在はカーディアル・ストリッチ大学の准教授で、マルザーノ教育事務所の代表を務めています。邦訳書に『教育目標をデザインする——授業設計のための新しい分類体系』（北大路書房）があります。

き、心が強く動かされるかもしれません。また、展示物や写真を見たあとであれば、消防用のホースで水をかけられることに共感するでしょう。さらに、この運動に参加した親戚がいる生徒たちであれば、事件の数十年後に生まれているにもかかわらず、その場にいたかのように感じてしまう話を幾度となく聞いているかもしれません。

このような生徒たちは、社会科や国語の教科書に客観的な情報だけでなく感情的な反応をもち込み、読みながらヴァーチャルな経験を生み出すのです。教科書の最初の章からはじまり、順番に石段を上っていくように教科書を進めることは、教える際に効果的でないことに加えて、予備知識がある者とない者の両方にとって不公平となります（とくに、後者にとっての被害は大きくなります）。

予備知識を評価する

章や単元をはじめる前に、扱うテーマについて生徒が何を知っているのかについて見極めることが重要です。クラスのなかにある予備知識の広さを考えると、測る基準がないだけに生徒たちが何を知っているのかと予想することは難しいでしょう。以下に紹介するのは、生徒一人ひとりの予備知識を評価するための三つの方法です。これによって、クラス全体として、テーマについてどのくらいの予備知識があるのかが分かります。

①予想の手引き

「予想の手引き」とか「見通しの手引き」と言われており［参考文献16］、生徒の予備知識を評価するためにもっとも適している方法の一つです。このような活動をすることで、次は何をするのかについて生徒に見通しをもってもらえるほか、学ぶ目的やモチベーションの重要さについても気づけるというメリットがあります。

まず、生徒がテキストを読む前に、関連した事柄について書かれた文章を教師が生徒に渡し、「賛成」か「反対」かを示してもらいます。それによって、彼らの予想した理由を中心にして、教師は容易に議論をすることができます。八年生の数学にある「確率」について、「予想の手引き」を使った例を見てみましょう（**表2-1**参照）。

これはテストではなく活動であることを生徒たちに理解してもらい、正解率によって評価されることはない、とハッキリ伝えておきましょう。(3)

（3）翻訳協力者のコメントに、「できなくても問題視されないことをきちんと教師が伝えることは、予備知識のない生徒の安心感にもつながります。こういう、ちょっとした言葉がけの配慮が本当に重要だと私も考えています」とありました。

表２－１　確率についての「予想の手引き」の例

生徒の名前：＿＿＿＿＿＿＿＿＿＿ 各文を読み、内容に同意するときはＡに○を付け、そうでない場合はＤに○を付けてください。これはテストではありません。よく考えてください。		
	同意する／同意しない	
1. 確率がゼロということはそれが起きないことを意味する。	Ａ	Ｄ
2. 確率を学ぶときはサイコロで遊ぶとよい。	Ａ	Ｄ
3. すべての確率の和は「１」である。	Ａ	Ｄ
4. 二つの相互排他的な出来事は同時に起きる。	Ａ	Ｄ
5. 確率を学びはじめる前に分数を理解すべきである。	Ａ	Ｄ

また、馬鹿げた予想項目を含めることで興味をそそる活動にすることもできます。たとえば、四年生の理科教師は、天気の章に入る前に「予想の手引き」を生徒たちに配りました。そのなかに、「霧は、本当は空から落ちてきたただの雲である」ということについて「賛成」か「反対」を尋ねるという記述がありました。

数名の生徒が霧と雲は水のしずくからできていることを知っていましたが、「空から落ちてきた」という部分について考え込んでいました。生徒たちに理由を尋ねること、そして「楽しさ」を少し加えることで、誰が霧と雲のコンセプト（概念）を理解しているのかについて教師は知ることができたわけです。

「予想の手引き（見通しの手引き）」は、教師に「読みの課題に含まれる特定のアイディアについて、生徒たちがもっている予備知識の質と量の理解」〔参考文献4〕をもたらします。「予想の手引き」を集めて生徒たちの回答を集計すると、クラス全体がもつコンセプトについて明確なパターンが見えてきたり、コンセプトがまだ見えていない生徒たちに対して、追加の説明が必要かどうかを見極めたりすることができます。

また、生徒に「予想の手引き」を返却し、実際にテキストを読んだことで得た知識をもとにして、読む前に考えた解答を換えてもらうというのもよいでしょう。さらに、単元の最後で「予想の手引き」を書き直すという方法も考えられます。

生徒が解答をまず予想することのメリットは、自分が考えていたことが正しいかどうかがはっきりしますし、熱心な学びにつながる可能性が高くなります。予想すること、そして熱心に学ぶことによって、探し出した情報は彼らの記憶に長く残ることでしょう。

いずれにしても、生徒の反応を見たあとなので、教師は章や単元に対してより良いアプローチを工夫することができます。生徒のニーズに合わせて自分の教え方を構成すればよいのです。知識のあまりない生徒を知識がたくさんある「チューター」的な存在がいるグループに入れたり、読みを複雑化させたりすることで、すでに知識のある生徒もテキストの違う部分を読むことになり、新たな知識をほかの生徒と共有することが可能となります。また、基礎的な予備知識をすでにもっている生徒には、オンラインでのリサーチなど教科書以外の学習機会を設けるのもよいでしょう。

「予想の手引き」の作成には少し時間がかかりますが、単元終了時にそれについて考えてもらうことが生徒たちにとって一番よい「学習のまとめ」となりますし、教師にとっては、テーマについて価値のある成果をたくさん集める方法となります。その結果、もっともよい文章を来年（もしくは次学期）の生徒にいかすこともできます。教師が書いた文章よりも、生徒たちが書いたもののほうが想像力に富んでいることが多いものです。

以下に示すヒントを、生徒たちが「予想の手引き」を作成する際に使うことができます。

❶章をざっと読んで、テーマにとってもっとも重要なことを探します。それぞれについて、いくつか記述を書いてみます。一つの手引きにつき、一〇個書くことが目標です。

❷「一度も、いつも、最高の、最悪な」などといった断定的な言葉を避けて、短く簡潔な文章をつくります。

❸活動を楽しめるようにするためにおかしな予想を含ませて、遊び心をもつようにしましょう。

❹難しすぎたり、詳細すぎたりする言葉は避けます。

❺あなたの疑問や考えを探究し、章の内容に沿うことにはこだわらないようにしましょう。

②回転ウォーク

回転ウォーク（またはギャラリー・ウォーク）とは、生徒たちがグループワークをしながら教室内を歩き回り、自分たちの予備知識を共有するという活動です。中学校か高校の社会科か英語の授業において、ギリシャのホメロスが書いた長編叙事詩である『オデュッセイア』を単元として仮定したとします。

あなたは、物語を読んだことがあるか、冒険についての映画を観たことがあるか、物語について聞いたことがあるか、と生徒たちに尋ねます。生徒たちは、間違った情報をもっていたり、表面上の知識のみで、あまり深い知識をもっていなかったりするかもしれません。

あなたが重要だと思う物語のさまざまな部分をリストアップすることからはじめましょう。もし、これまでにこの単元をしたことがあるなら、生徒たちに何を学んでほしいのかについて、あなたはすでに分かっているはずです。もし、行ったことがないのなら、教科書である単元を読み進め、重要な概念をメモしましょう。さあ、ここから楽しいことがはじまります。

❶ひと言か一つの用語を模造紙に書いてみましょう。たとえば、ギリシャ神話にあるトロイの木馬、ペネロペ、キュクロープス、キルケー、セイレーン、ユリシーズ、イタケーなどの人や場所の名前、さらには勇気、冒険、旅といった概念です。一・五メートルほどの間隔を空けて、それぞれの模造紙を壁に貼ります。

❷三〜四人で構成されるグループをつくり、違う色のマーカーを各リーダーに渡します。
❸一つの用紙につき、一つのグループを割り当てます。「はじめ！」の合図で、各グループはその用語について知っていることすべてを書き出していきます。そして、「移動！」の合図で右側の用紙に移り、同じように知っていることすべてを書き出します。これを、最初の用紙に戻るまで繰り返していきます。
❹グループごとに座り、それぞれの用紙をクラス全員で見て、書かれていることを声に出して読み、記入したグループに詳しく尋ねます（だから、違うマーカーを使用したほうが分かりやすいのです）。教科書を読む前に話し合いや関連づけを促すことで、生徒たちがもっている予備知識を評価し、活性化し、学びに対する意欲をつくり出すことができます。

③自由な話し合い

子どもたちが話している内容を聞くことで予備知識を見定めるというのが、私の好きな方法の一つです。生徒をグループ分けし（生徒同士でグループをつくってもよい）、テキストに関連した質問を投げかけます。たとえば、小学校の理科で浮力について勉強をしているときは、「なぜ、水中では軽く感じるのか？」とか、社会科で中国の単元をはじめる前に「中国について何を知っているか？」などです。

注意深く私が聞いている間、各グループが知っていることや知っていると思っていることを発表しあいます。たいていの場合、生徒は本当のことからかけ離れたことを言うものです。その間違った知識を正したり、生徒自身にインターネットで情報を探したりするように促して、「次の日に授業でまた発表するように」と私は言っています。

予備知識を培う

生徒が何を知っているか（あるいは知らないか）を垣間見る[4]ことができたら、教科書ではできない独特の学びが可能となる授業を行うことができます。一人ひとりの生徒の強みをいかすためには、教師が生徒のことを知らなければなりません。そして、生徒の予備知識を評価し、生徒の強みをいかして教えれば教えるほど焦点化された指導が可能になります。

さまざまな教科書が「予備知識の活性化」などという項目を掲載しているわけですが、そのようなざっくりとしたアプローチでは不十分と言えます。たとえば、先ほど紹介した星のたとえで言えば、中学校の教科書において、夜空の銀河を観測したことがあるかどうかについて尋ねるこ

（4）翻訳協力者のコメントに、「『把握する』ではないことに、非常に共感しました」とありました。

とで生徒に予備知識を培う、と指示されていたとします。このような問いは、生徒にテーマについて関心をもたせることになるかもしれませんが、予備知識を培ったり、評価したりすることに関して言えば不十分となります。

仮に、そのような質問で生徒の予備知識を活性化させたとしても、自動的に自分たちがもっている知識と学んでいることが結び付くわけではありません。なぜなら、星の背景を培うことを意図したこのような問いを、教えようとしていることから明らかに脱線している話にすり替えてしまうことがよくあるからです。たとえば、次のようなコメントです。

「はい、銀河を見たことがあります。私の叔父のフランクが真夜中に草原に連れていってくれて、そこでココアを飲んだのです。それで……」

テーマについて知っていることと教師が学んでほしいことを生徒にはっきりと告げ、つなげる手助けをすることが重要となります。

第1章で述べた通り、生徒が知っていることと学んでいることを結ぶ魅力的な方法は、教科書の絵や写真などをいかして授業で取り上げ、その写真や文章について知っていることがあれば発言するように促すことです。六年生の理科の教科書には、大雨のなか、家が丘を滑り落ちるという衝撃的な写真が載っています。それに対する解説として、「エルニーニョ現象」と「ラニーニャ現象」という言葉を使いながら地滑りと侵食について説明がされていますが、二つの言葉に対しての説明がなかったことに残念な感じがしました。

写真を生徒によく見てもらうのにさほど時間はかかりません。なぜ、このようなことが起きたのかを説明し、地滑りや土砂崩れについてインターネットで調べるように促して、そこで見つけたほかの写真を共有してもらいます。そのうえで生徒たちが、「エルニーニョ現象では、赤道太平洋で海面温度が高くなり、より多くの水蒸気が水面上の大気に上昇します。その結果、アメリカ南東部の降水量が多くなったと言えます」〔参考文献82〕と書かれた教科書を読むことができれば予備知識が文章化されますし、エルニーニョ現象の影響までも理解することができます。

教科書の「借り物競争」

いまだに、いくつかの学校や教育委員会では、授業ごとに教科書を使うことが義務化されています。補足のテキストがほとんど提供されていないため、教科書以外の選択肢をほとんど与えられていない教師はストレスを感じています。「借り物競走」では、教科書が提供するものを最大限に引き出し、そのなかで予備知識を培っていくことになります。

生徒たちが教科書の該当する章を読む前に、重要な概念、視覚的な要素、新しい言葉に関する「借り物競争」を作成します。二〜三人が一つのグループになり、あなたが作成した予備知識を培うためのリストを使って、教科書内で生徒たちにヴァーチャルの「借り物競争」をしてもらいます。グループごとに、何を発見したのかについてクラス全員に発表してもらうのです。各グループに一、二個の課題を出し、互いに教え合えるようにしてもよいでしょう。このような能動的かつ楽しみながら予備知識を培う方法は、生徒たちが教科書を読みはじめる際に文章理解を深めることになります。以下に挙げるものが、教科書の「借り物競争」の例となります。

・この単元で重要だと思われる五つの言葉か表現を選んでください（章の最初で強調されている言葉は使わないこと）。
・章に掲載されている一枚の写真を選び、なぜあなたのグループがその写真を重要だと思うのかについて説明してください。
・一つの図表か地図を選び、それにキャプションをつけてください。
・Xページのサイクルをまとめてください。
・Xページの実験で必要となる事項を書いてください。この実験に使える二つ以上のアイテムを考えてください。
・この章の振り返りとして、算数（数学）の一つの問題に関する答えを考えてください。
・この章に書いてあることで、あなたたちが過去数年間に学んだことを記録し、新たな情報は何だったのかについて発表してください。
・グループがより良く理解するために、この章に関してインターネットで調べる必要のある項目を三つ挙げてください。

・この章のなかで、どの視覚的資料がもっとも興味深いものであるかについてグループで話し合ってください。その理由も説明してください。

・この章のなかで、もっとも理解することが難しいと思われるコンセプトは何かについてグループで話し合ってください。

絵本を使って予備知識を培う

子どもの本として知られる絵本は、小さな子どもたちのためだけにつくられたものではありません。驚くべきことに、一〇〇〇文字ごとに含まれている難しい言葉の数は、ゴールデンタイムのテレビ番組や大学生の会話よりも多いのです〔参考文献21〕。

ノンフィクションやフィクションのものを少し熟読すれば、文字がなく、対象年齢の設定もなく、複雑なテーマと挑発的なタイトルを好む思春期や大人向けに書かれた絵本が単なる幼稚園児に向けてつくられたものではないと納得するはずです。これらの絵本は、多くの場合一つのコンセプトに絞られており、深く掘り下げられているために、予備知識をつけるうえにおいて素晴らしい資料になるのです。

『The Power of Picture Books: Using Content-Area Literature in Middle School（絵本のパワ

ー・中学校の教科指導で絵本を使う)』(未邦訳)を書いた著者たちは、「多くの場合、絵本で扱っているテーマは教科書の基本的な情報をはるかに超えており、教科内容に価値ある形で発展した情報を提供してくれる」と言っています〔参考文献44〕。その一例として、数学の「確率」を教えるときに『A Very Improbable Story(ありそうもない話)』(未邦訳)〔参考文献35〕という絵本を使う数学教師のことを紹介し、生徒たちに現実世界への応用の仕方を理解させていました。

視覚的なイメージと言葉の両方で予備知識をつくり出すことができる絵本は、とくに視覚的に学ぶ年代の子どもたちにとっては重要となります。パワフルで強烈なイメージをもつ絵本は、記憶を呼び覚ましたり、意味のある形でつながりをつくり出したりすることを可能にしています。

絵と文字が一緒になっている絵本は、豊富な背景や文脈を読む前の生徒に教科書では不可能な予備知識を提供してくれます。たとえば、マヤ・アンジェロウ(Maya Angelou, 1928~2014)の詩とグラフィティ・アーティストのジャン＝ミシェル・バスキア(Jean-Michel Basquiat, 1960~1988)の絵が掲載されている絵本『Life Doesn't Frighten Me(人生は私を驚かせない)』(未邦訳)〔参考文献6〕は、中学校か高校の国語の授業で読むアンジェロウの『歌え、翔べない鳥たちよ』〔参考文献5〕をより深く理解する助けとなります。

また、『Patrol: An American Soldier in Vietnam(パトロール——ヴェトナムのアメリカ人兵士)』(未邦訳)〔参考文献85〕という絵本は、同じことを社会科で実現させる例となります。この絵本に描かれている若い兵士は、自らの死の恐怖を表現し、誰が敵なのか理解しようとしています。そして、「戦争では影さえも敵である」と彼は思っています［参考文献85］。

作者のマイヤーズ（Walter Dean Myers, 1937～2014）は、このパワフルな物語的な詩において、この兵士の忘れられない経験を私たちが共有できるほど戦争の世界に引き込んでいきます。また、アン・グリファルコニ（Ann Grifalconi, 1929～）による絵は、コラージュをつくるように張り合わされた切り抜きのように見え、カモフラージュの要素とともに、読みという経験に新たな次元をつくり出しています。

「遺伝学の祖」と言われるグレゴール・メンデル（Gregor Johann Mendel, 1822～1884）についての本［参考文献7］から、ウィリアム＝カルロス・ウィリアムズ（William Carlos Williams, 1883～1963）の詩を紹介している本［参考文献10］まで、理科と国語で使えるテーマを扱っている絵本はたくさんあります。

算数を教える教師向けとしては、もっとも有名なシンディ・ノイエンシュバンダー（Cindy Neuschwander）が書いた小学生向けの「Sir Cumference（キュムフェレンス伯爵）[5]」というシリーズがありますし、高学年の生徒向けとしては、『Pythagoras and the Rations: A Math Adventure

（5） Circumference をもじっており、外周、円周という意味です。

（ピタゴラスと割当量——算数のアドベンチャー）』（未邦訳）［参考文献93］がよいでしょう。

コンピューター上で予備知識を構築する

クラス内に電子ホワイトボードが完備されているか、もしくは全生徒がパソコンかタブレットを持っている場合は、予備知識を培うことが今までよりも簡単になります。ウェブサイトは、生徒が異なる時代の演説や音楽を聞いたり、動画やニュースを見たり、さまざまな一次資料を調べたりと仮想体験をさせてくれます。ウェブサイトによる予備知識は、どのようなテーマであっても生徒の理解を大きく深めることになります。

テクノロジーのもっともよい点は、生徒があなたを助けてくれることです。教える予定になっている章や単元に目を通します。そして、生徒の予備知識を評価したあと、どのテーマに追加の情報を付け足して授業の骨組みをつくり上げていくかを決めることができます。

一例を挙げましょう。中学校社会科の教科書に書かれているインドに関する章にはマハトマ・ガンディー（1869～1948）の写真が掲載されていますが、彼についての文章はたった一文しかありません。もし、生徒たちにガンディーに焦点を当ててインドを教えたいのなら、国語科の伝記に関する単元とあわせる形で、ガンディーについての一次資料や他国の生徒が行ったプロジェクトの紹介、演説、動画などが見られるウェブサイト（http://www.mkgandhi.org/main.htm）にアクセスさせるとよいでしょう。また、グループごとに違うテーマを調べ、ガンディーについて学んだことをグループ内で話し合うといった課題を出すこともできます。

現在の教科書には、ウェブサイトのリストや映画や音楽、写真という補助的な材料が含まれるDVDがついているものもあります。そして、ディジタル教科書では、生徒を世界中どこにでも簡単に連れていってくれるリンク先を提供しています(6)。

難しいのは、予備的に集めた情報をもとにどのテーマを広げていくべきかについて決めることです。インドに関する教科書の章では、「モンスーン」から「輪廻（生まれ変わり）」についてまで三〇以上のテーマがありました。各テーマについて予備知識を身につけることができないのは明白です。明らかに有益なことは、世界のどこに位置しているのか分からないインドという国について、生徒に関連づけられない文章を次から次へと読ませるよりも、ガンディーといった一つのテーマを設定して深く探究し、彼の人生を通してインドについてより理解することです。

直接的な経験から予備知識を培う

ロバート・マルザーノ（七二ページ参照）は「生徒の学業上において必要とされる予備知識を

---

(6) 翻訳協力者からいただいた「残念ながら、日本の教科書には補助的な引用文献がまったく示されていません。理科の教科書には引用文献も参考文献もありません。ディジタル教科書も、NHKの映像教材のリンクしかありません」というコメント、頷いてしまいます。

高める直接的な方法は、学問的レベルの高い経験を提供することである」と、直接的な経験を重要視しています。彼は、直接的な経験を「さまざまな教室外での深い経験」とし、「このような経験には、博物館、美術館、その他の校外授業、そして学校から提供される旅行や交流事業も含まれる」と言っています。ハンズオン（実体験）ないし直接的な経験は、読む活動中に出合う概念を理解するのに役立つほか、書くことや話し合いの活動も助けることになります。多くの学校や教育委員会が「そのような予算はない」と断言していますが、そのための資金なら、PTA・保護者などからの寄付金のほか、キャンディーを売ることからだってつくれるのです。

もし、生徒を学校外に連れていくことが不可能と言うのであれば、生徒のいる学校に「世界」をもってくるという方法が考えられます。多くの保護者、地域住民、そして教師は、たくさんの経験や工芸品・芸術品などに関して幅広い知識やスキルをもっています。保護者や同僚にあなたが教えるテーマを話し、「生徒のために協力してくれないか」と尋ねてみてはいかがでしょうか。

私のチームでヴェトナム反戦運動の単元を教えていたとき、ある生徒の保護者がかつてケント州立大学に通っており、一九七〇年の銃撃事件を目撃したことを知りました。その保護者が授業に来て、そのときに見たことを話してくれたので、みんなその話に惹きつけられてしまいました。保護者の体験談が、私たちの記憶に残る経験となったのです。

また、「シェークスピア祭り」でさまざまな脚本家による演劇を観たり、美術館で絵を観るという経験をしたり、老人ホームの住人にインタビューをしたりするなど、学びに関連して私がつくり出した経験に参加することが、生徒の教育にとって重要な学びとなっています。『ハツカネズミと人間』〔参考文献114〕を教室で読んでいた秋のある日、私は高校生たちと外に出て落ち葉の上を歩き、その音を聞いて、著者であるスタインベック（John Ernst Steinbeck, 1902～1968）が描写したことを体験しました。予備知識を培う小さな試みだと思うかもしれませんが、このような体験が生徒の理解を深め、文章を読むたびに毎回生じることになる重要なつながりに関してモチベーションを生み出すことになると信じています。

次善の策——仮想フィールド・トリップ

ウェブサイトでの仮想ツアーは、いかなる課外授業（とくに、宇宙センターを訪問するなどの活動）よりも劣って見えるものです。もし、あなたが宇宙センターに課外授業で行ったことのある生徒と話してみれば、私の言っている意味が分かるはずです。多くの生徒は、このような施設に行った経験をもとにして科学やエンジニアの職業を目指すのです。彼らは、宇宙飛行士と話したこと、宇宙船に触れたこと、離陸のシミュレーションを経験したことなどをハッキリと覚えています。写真やオンライン・ツアーは、ないよりはいいのですが、本物を一番とするなら、それらは二番目ということになります。

私は仮想的な課外授業よりも直接的な体験をすすめますが、本物を体験する課外授業はたいていの場合難しいものです。そこで、次善の策となるのが仮想の課外授業です。さまざまなウェブサイトが教育に関連してつくられています。ある中学校の教師は、地元紙において「私は生徒たちをエジプトに連れていき、ギザの大ピラミッドの前で発表させることができる」〔参考文献75〕と語っています。

彼はコンピューター上で可能な「ヨースター（Yooster）」という技術を使っていますが、これは、生徒たち自身がその場にいるようにコンピューターのスクリーン上で見せることを可能にするものです。彼はまた、八年生がリンカーン（Abraham Lincoln, 1809～1865）について学んでいるとき、フォード劇場(7)とスカイプでつないだこともありました。このウェブサイト（http://www.simplek12.com/virtualfieldtrips）へ行き、歴史、社会、美術、国語、数学、理科、そして他多数の科目のために仮想ツアーをダウンロードしてみてください。そこに登場するさまざまなツアーは生徒や教師によってつくられたものですが、極めて教育的なものとなっています。

もう一つのサイト（http://www.internet4classrooms.com）には、とくに幼稚園から八年生までの生徒たちに向けてつくられたウェブサイトがあり、さまざまな経験を提供しています。さらに、http://www.theteachersguide.com/virtualtours.htmlでは、ワシントンDCの国立美術館やホロコースト記念博物館、中国の万里の長城、ペンシルベニア州の「ゲティスバーグの戦い記念公園」を含む、豊富な種類の仮想ツアーを見つけることができます。ここで仮想ツアーを提供するウェブサイトをもっとたくさん紹介することもできますが、自分たちのテーマをよく調べたうえでウェブサイトを選べば、生徒たちの予備知識の溝は埋まることでしょう。できることならば、インターネット上の情報には疑いをもちつつ、生徒自身がツアーに取り組む方法を教えてください(仮想ではありますが)。

予備知識を培う読書

前述したように、教科書における最大の問題点は、テストに出されるということでカリキュラムが狭められ、表面的にカバーするだけになっていることです。表面的にしかカバーしていないということは、リスト、事実、テーマの無味乾燥な復唱をすることで生徒たちを苦しめることになり、新しく学ぶことを過去の知識に結び付けることができないということを意味します。

『Readicide(学校では読むことが葬り去られている)』(未邦訳)[参考文献48]の著者である高校教師のケリー・ギャラガーは、「テストの準備に焦点を置くと、広く多様な読書を通して予備

(7) フォード劇場は、アメリカ合衆国の首都ワシントンDCにある劇場の名称です。リンカーンの暗殺現場となったことで一躍有名になりました。

知識を身につける機会を生徒から奪う」と主張しています。これは悲しくて皮肉な事実ですが、どうすることができるでしょうか。

ギャラガーは、教師が生徒に予備知識を培うこととテストでよい点を取ることを実現するために、週に一つの記事を提供することを推奨しています。それが、「広い予備知識をもった生徒がテストで高得点を取るチャンスを高める」〔参考文献48〕からです。毎週記事として使ったリストを、彼はウェブサイト（www.kellygallagher.org/resources/articles.htm）で提供しています。

各教科の授業で多様な読み物に触れることができる環境をつくり、生徒たちが一貫して広範囲に読む経験ができるようにすることを私は教師にすすめています。『リーディング・ワークショップ』を書いたコロンビア大学に所属するカルキンズら（六四ページ参照）は、この問題を広い視野から捉えています。

一教科の教科書は、クラス単位ではおそらく三万ドルはするでしょう。そして、これらの教科書の多くは一次資料や二次資料へのニーズにマッチしていません。もしもあなたがコモン・コア（Common Core）を満たす教え方をするならば、特定の、そして異なる見方で構成された複数のテキスト（教材）を生徒に読んでもらう必要があります。これは、あなたの学校が教科書に費やしている予算を市販の本に転換することを意味します。〔参考文献18〕

以下に紹介するのは、それを実現させるためのいくつかの方法です。

生徒を「テキストの探偵」に——生徒たちに、時事ニュースやあなたが毎週教えていることに関連する新聞記事や情報を探してもらいます。あらかじめ発表の日を設定しておき、記事を持ち寄って授業で発表してもらうのです。生徒たちは、新聞の記事だけでなく、ビジュアル、漫画、そしてインターネットニュースの動画からも選ぶことができます。生徒たちの記事や情報の妥当性を確認するために、事前に持って来させてもよいでしょう。

この「テキストの探偵」はすぐにできる活動であり、新たな学びをつくり出すことができます。発表に、授業時間の一〇分以上は使いません。発表する記事をその日までに見つけることで、生徒は読みと予備知識を広げることができます。

教室に大きな図書コーナーをつくる——幅広いヤングアダルト小説や、あなたが教える教科に関係するノンフィクションを集めましょう。これは、国語や社会科の教師であればすでに実践していることでしょうが、数学と理科の教師であれば、数学者や科学者の伝記や新発見についての本も含められます。ヤングアダルトで人気があるのは犯罪科学の小説です。生徒に「http://www.teenreads.com」を見てもらい、予備知識が得られそうな本を探してもらいましょう。そして、読書に没頭してもらうのです。

クラスの司書を決め、本の貸し出し記録をつけてもらいます。そして、生徒たちが本を選び、読む時間とモチベーションが保てるようにします。もし、クラスに図書コーナーがない場合は、学校のメディア・スペシャリスト（司書）に単元の終了時に返す約束をして、授業に関連した本を借りるようにしましょう。なお、第7章で、クラスの図書コーナーを設置するうえでのテキストセットやリストに関する情報を詳しく説明しています。

学習するすべてのテーマの一次資料を提供する——http://loc.gov で連邦議会図書館は、あらゆるテーマについての日記、写真、歌、ジャーナル、そして新聞記事を提供しています。あなたは何もやる必要はありません。生徒に、責任をもって関連した資料を見つけてもらいます。彼らの予備知識を培うように、資料の掲示板をつくってもらってもよいでしょう。(8)

時事資料をクラスに提供する——あなたのリーディング・コーチやメディア・スペシャリストに、印刷物でもオンラインでもいいので、時事問題を扱っている新聞か雑誌をクラスで購読する可能性について打診してみましょう。たとえば、〈Time for Kids〉は低学年の生徒に、〈New York Times Upfront〉は高学年の生徒にと、生徒のレベルにあわせたさまざまな教科に関する最新のニュースが雑誌には含まれています。(9)

ある学校のリーディング・コーチが、毎週、全教師に最新雑誌の目次をコピーして配布していました。このシンプルな試みによって、教師たちは雑誌を申請したり、生徒に対して、ウェブサイト上で勉強しているテーマに関連した記事を読んでもらったりすることができました。(10)

雑誌に載っているテーマについて注意をしていると、教師は学際的・予備的な経験を養う機会をおのずともち続けられるようになります。ある中学校では、国語、社会、理科、そして数学教師の合科チームが、地表面より七〇〇メートル下に閉じ込められたチリの鉱山労働者の事故について、各教科の背景を押さえつつ、スタンダード(到達目標)に基づいてこれらの情報を授業に利用していました。

ニュース雑誌の表紙でさえ、予備知識を培うために使えます。もし許されるなら、表紙を教室の壁に貼り続けたり、凧のように貼り付けたりして、一年のうちに何が起きたのかについて振り返ってみるのもよいでしょう。

---

(8) アメリカでの国語指導は読みと書きに分かれており、前者の指導の仕方を指南する役割の人のことです。しかし、次の段落を読むと、このコーチは他教科の読みの指導にも関与していることが分かります。

(9) これらの雑誌の日本語版はありませんが、日本語の雑誌では、朝日新聞社が出している〈月刊ジュニアアエラ〉が最新ニュースなどを扱った子ども向けの雑誌です。そのほか、小学生向けの新聞を読売新聞社、朝日新聞社、毎日新聞社が発行しています。

(10) 翻訳協力者からのコメントに、「なるほど! このくらいならさほどの手間をかけずに実践できますね。難しくないことを長く続けるほうがずっと大事だと思います」とありました。

予備知識――必要なもの

予備知識は教育の「飾り」ではなく、生徒が読んだり学んだりすることを楽しむためにとても大切なものです。予備知識は、理解するため、つながりをつくるため、そして概念を理解するために重要なものであり、すべての学習において基礎となります。予備知識を価値づけ、活性化し、そして築く時間を設けないということは、バスケットボールをしたことのない人にボールを投げ、大きな大会でプロのように試合することを期待しているようなものです。

すべての学習には時間が必要であり、それは段階的に起こります。教科書のテーマを次から次へとカバーして、ワークシートやテストの空欄を埋める手助けをすることではなく、生徒たちにとって意味があり、価値のある学びにすることが私たちの責任となります。

実践コミュニティー　予備知識を培う

この実践で、生徒たちの予備知識を培うための活動をグループでつくりましょう。

ミーティングでは……

❶同じ教科のグループか同僚たちと、この学期に扱うもっとも重要と考えるテーマのリストをつくります。何が本当に重要なのかについて話し合い、すべてのテーマをテストの問題にしたいという衝動に対して抵抗します。

❷次回以降のミーティングで、テーマを教える前に自分で検討しましょう。どのようにすれば予備知識を培えるのか、ブレインストーミングします。

・予備知識を培うために、どのような直接的な経験を生徒に提供することができるでしょうか？

・インターネット、音楽、そして一次資料を含むさまざまなメディアを使って、どのような仮想経験（バーチャル経験）を生徒に提供できるでしょうか？

・どのような補助的な読みものや調査（どんなレベルでも）が、テーマに関する適切な予備知識を培うでしょうか？

・関連したテーマを生徒に話してくれる人を招待することができるでしょうか？

——直接経験したことがあるか、知識をもっている教職員は？

——テーマに関して、経験か知識のある地域住民、団体、保護者は？

——関連分野で仕事をしている地域のビジネスマンは？

クラスでは……

❸ブレインストーミングで出した情報や資料を使って、生徒と予備知識を共有します。授業後と次のミーティングのメンバーの振り返りに役立てるために、授業の情報を集めます。生徒たちに予備知識を培うことが、どのように彼らの学びに影響したかについて評価してもらいます。

❹もし、可能ならば、予備知識をつけることができたクラスの評価点数と、そうしなかったクラスとを比較してみましょう。それが難しいときは、昨年度の生徒の点数を使います。

フォローアップのミーティングでは……

❺どのようにして生徒に予備知識を培う手助けをしたのか、その例を挙げてください。生徒からのフィードバックと、予備知識をもたなかった生徒たちとの比較分析を含む活動の評価を提供し、データを互いに共有します。

第3章
語彙こそが内容

生徒時代のあなたが学校の授業でどのように過ごされていたのか知りませんが、私にとっては、語彙を勉強することが一日のなかでもっともつまらないことでした。分厚い辞書でリストに書かれてある語彙を調べるのですが、「L」が「K」の前なのか後なのか、どちらに来るのかが覚えられなかったので、とくに「L」と「K」からはじまる語彙が私にとってやっかいなものでした。そして、私にとってはほとんど意味のない定義を写し、それぞれが違う語彙であることが分かるように番号を振りました。最後に、文章のなかでそれらの語彙を使いましたが、言葉の「本当の」意味を理解できたときだけが好きな活動であったと言えます。

「語彙の勉強」とは反対に、実際に文のなかで使われている語彙は魅力的なものでした。七年生のとき、ワシントン・アーヴィング（Washington Irving, 1783～1859）の『リップ・ヴァン・ウィンクル（Rip van Winkle）』を読んだという記憶があります。あなたも、この言葉を口に出してみれば分かると思いますが、かなりいいと感じた「incessant（絶え間ない）」という言葉を学びました。

思い出せる範囲で言えば、リップの妻が「絶え間なく」話をしていたのですが、私はこれが気に入りました。なぜなら、私の近くにも「絶え間なく」話す人がいたからです。そのため私は、リップが頭の中で散策する様子を思い描いているとき、彼の妻がベラベラとおしゃべりをしている場面を想像することができました。「絶え間なく」という言葉が私のなかにとどまり、「永続的な語彙銀行」の一部となり、今でもこの言葉を使うことが好きです。

誰が語彙／言葉を選ぶのか

もし、あなたが『リップ・ヴァン・リンクル』の話が掲載された国語の教科書を見たら、知らなければならない語彙のリストから物語がはじまるでしょう。ある言葉は古く、またある言葉は最近の言葉ですが、そのようなリストは大ていの場合長いものとなっています。

多くの教科書では、難しい言葉について生徒が簡単に意味を見つけられるように、脚注や補足を付けています。もし、生徒たちが運よくディジタル教科書を使えるのであれば、彼らは簡単に言葉の意味を探し、その定義を文章に結び付けるというきわめて有益な行動をとることができます。しかし、やり方にかかわらず、この物語にかけられる時間はかぎられていますので、教科書にある語彙を教えるには数日かかるという矛盾を抱えることになります。

語彙の問題は、数学、理科、そして社会科のように、語彙を理解することが必須となっている教科では一層深刻なことになります。たとえば、六年生の社会科で地形や地図を勉強するとき、概念を理解するために生徒たちは、「標高」、「等高線」、「起伏」という言葉を知る必要があるということです。

教科書の編集者が選んだ語彙に頼るという面においては、付随する問題がいくつか出てきます。**もっとも分かりやすい問題は、編集者があなたの生徒のこと、たとえば能力、背景、環境などを理解していないということです。**何人かの生徒は、今までの授業や個人的な経験からその言葉の意味を知っている場合もありますが、そのほかの生徒はテーマについての知識が皆無なのです。

生徒がどの語彙を学ぶべきか、読みの最中にどのような意味を提供すべきか、どの語彙を生徒たちがすでに知っているかという情報に基づいて決定を下すのはあなたです。教科書の編集者がさまざまな活動（おそらく多すぎます！）を選べるように提供していたとしても、最適となる方法を選んで教えなければならないのです。

語彙は、ウェブサイト、インターネット記事、そしてフィクションやノンフィクションを含めて、生徒が読むすべての文章を理解するために重要です。鍵となる語彙を理解していない生徒は、特定のテーマ、章、そして単元のなかで扱われている概念を理解することが難しくなります。新たな語彙を学ぶということは新たな内容を学ぶことと同じであり、十分な語彙の勉強を生徒に提供しないまま読ませることは、暗闇でドアを開けさせるようなものです。

効果的な語彙の勉強法とは？

語彙の勉強法についての研究は、すでに明らかにされているものが多く、この分野への興味や関心がある人にはとても納得のいくものとなっています。たとえば、「安全バリア、(1) G力、(2) キルスイッチ、(3) アンチ・スピル・ブラダー、(4) HANS、(5) スプリントカップ、(6) FIAフォーミュラ・ワン、(7) COT（Car of Tomorrow）(8)」などの単語を車好きの生徒に言えば、あなたが自動車レースのことについて話しているとすぐに理解するでしょう。一方、それを知らない多くの生徒にとっては、自動車レースの記事を理解するために、語彙やそれに関連することについて、誰かにたくさんの質問をすることになります。

つまり、語彙についての発見が、その知識を理解するときの基礎になるということです。これは、別に驚くようなことではありません。言葉が意味するものを知らずに内容を理解することができないからです［参考文献86］。しかし、言葉を知る方法はいくつかありますので、よく知られている「質問をする」という方法は氷山の一角でしかありません。

先に列挙した自動車レース関連の言葉のなかから、「ＦＩＡ（国際自動車連盟）フォーミュラ・ワン」を取り上げてみましょう。インターネットでこの定義を見たとき、フォーミュラ・ワン（Formula 1またの名をＦ1）は、Federation Internationale de l'Automobile（ＦＩＡ）よりも

（1）自動車レースのコースに、車が衝突した際のダメージを緩和するために設けられた特殊な障壁のことです。
（2）Ｆ1の場合、カーブを走行する際にかかる遠心加速度による重力です。
（3）レース用や軍用の車両に取り付けられており、緊急時に火災などの二次災害を防ぐため、バッテリーからの電源供給を遮断する装置です。
（4）漏れない燃料容器です。
（5）「Head and Neck Support」の略で、四輪自動車競技での救命ディバイスの一つで、頭部の前方向の動きを規制して、追突などの強い減速加速度から首を保護するためのものです。
（6）楕円型コースをメインに行われる自動車レースであるNASCARシリーズのなかで、最上位に位置づけられているレースです。NASCARは「National Association for Stock Car Auto Racing, Inc.」という主催団体の名称の頭文字からつけられたものです。
（7）国際自動車連盟が主催する自動車レースのカテゴリーの一つで、世界最高峰のレースです。
（8）NASCARスプリントカップシリーズにおいて、二〇〇七年のシーズンから使用されているレース用の車の総称です。

高いレベルの「シングル・シーター（座席が一つ）・オートレース」として、公式のＦＩＡフォーミュラ・ワン世界選手権と認可されていました。名前のなかにある「フォーミュラ」は、参加する車が従わなければならないルールのことです。

定義を見たあとであれば、これらのレース用語の選択肢による問題かマッチング問題は難なく合格できると思われますので（これは、教科書が生徒の語彙能力を判断する従来の方法です）、単語に関しての実用的な知識があると言えるでしょう。もし、私が語彙力テストで「Ａ（優）」を取れば、これについては「達人レベル」と言えるのではないでしょうか。しかし、問題があります。私には、これらの語彙の概念的な理解がないのです。

「ＦＩＡフォーミュラ・ワン」という用語に戻りますが、Ｆ１は複数の連続するレースで成り立っており、建設されたサーキットと公道で行われるということのようです。Ｆ１の車は、時速二二〇マイル（四〇〇キロ）までのスピードを出してレースを行っています。Ｆ１は、レースファンからすればまさにテレビ中継における大きな

フォーミュラ・ワンのレースカー

Source: [©Thinkstock]/[iStockphoto]/Thinkstock.

イベントですが、私にはまださっぱり分かりません。実際にレースを観に行くか、テレビで見て、自分の予備知識を培ったほうがよいでしょう。しかし、それらを今すぐに行うことはできませんから、写真のようなF1のレースカーくらいは雑誌などで見るべきでしょう。

もし、私が定義をインターネットで調べ、「ウィキペディア」で見つけたとしても、やはり困惑したままでしょう。シングル・シート、オープン・コックピット、オープン・ウィール・レースの車、ある程度の大きさのフロントとリア・ウィング、ドライバーの後ろに設置されたエンジン（二〇一二年二月一六日検索）——もし、私がこれらを絵に描いたとしたら、おそらく「エンジン付きの天使」になってしまうことでしょう。

単純に、書かれている説明を完璧に理解するだけの情報を私はもっていないということです。つまり、このことが、視覚的なものを読み取る力（ヴィジュアル・リテラシー）が極めて重要で、時間をかけて、教科書のグラフや写真を生徒に見せることが欠かせないという理由となります。F1で使われる車をインターネットで探すという行為は、語彙／用語を非言語的に表したものを見つけることで、より良くその用語について理解することができる手段と言えます。

言葉を段階に並べる

もし、自動車レースについての文章を読み取りたい場合、F1を理解することが重要だと判断すれば、容易に補足説明を見つけることができるでしょう。では、ほかの言葉はどうでしょうか？　教師が決断しなければいけないことがいくつかあります。「アンチ・スピル・ブラダー」は知らなくてもよい言葉にしましたが、安全を理解するために「キルスイッチ」の簡単な定義を理解しておく必要があると判断しました。また、「G力」、「安全バリア」、「HANS」といった言葉も、完璧な理解のために必要があると判断するかもしれません。

難しさや馴染みやすさを理由として言葉を種類分けすることとは、研究者らによって「言葉を段階的に並べること」だとされています。「段階1」とされる言葉は、生徒にとって馴染みのあるものとなりますので、生徒がそれらの言葉の意味を知らないかぎり教える必要はほとんどありません。「段階2」の言葉は、「成熟した言葉を使う人によってよく使われ、多様な分野で見かけるもの」が含まれます［参考文献11］。この段階の言葉は、内容を理解するために大切となりますので、分かりやすい教え方が必要となります。そして「段階3」は、ほとんど見かけることがなく、特定の教科に限定された言葉で構成されています。このような言葉は、生徒に簡単に説明して、次へ進むことにします。

前章で紹介したマルザーノ（七二ページ参照）は、「読む前に学術的な語彙になじむことで、生徒の概念的な理解は劇的に増大する」と指摘しています［参考文献78］。あなたが教えている教科の教科書やほかの情報を読ませる前に、注意深い語彙分析をあなたがしておくことは生徒の内容理解を助けるためにとても重要となります。教科書にある語彙リストを「段階」に分けることからはじめましょう。

たとえば、侵食についての単元をはじめるとき、八年生の理科の教科書から関連のある語彙を挙げ、段階や分類ごとに分けてみます。**表3-2**に挙げた例を見てみましょう。生徒の学年、予備知識、そして具体的な指導のねらいによって分類の仕方が違ってきます。

単元の語彙を分類したら、次は**表3-3**のように、最初の列に「段階1」と「段階2」の言葉を生徒に書いてもらいます。そして、生徒たちは単語の知識に相当する列をチェックし、あなたが分析するために提出します（評価はつけません）。この単純なアンケートから収集された情報は、あなたがより良い語彙の指導計画を練るためのデータとなります。授業がはじまる前から生徒に「学びの責任」を移行することになりますので、このアンケートはとても重要なツールと言えます。

あなたは「段階1」の言葉を何人かの生徒が知らない(9)という事実に驚くかもしれませんが、その場合は、小グループを対象にして教えるようにしたり、知っている生徒と知らない生徒をペア

(9) これは「責任の移行モデル」の第二段階の「教師がガイドする指導」に相当します。詳しい教え方については『「学びの責任」は誰にあるのか』の第3章をご覧ください。

表３－２　言葉の識別チャート

段階1・単語	段階2・単語	段階3・単語
降水量 植生 小峡谷 重力 地すべり	堆積 風化 森林破壊 浸食 倒壊 大量消費 油圧装置	終速度 地殻の沈み込み 剥離 付着 沿岸漂砂

表３－３　言葉の関係尺度

氏名＿＿＿＿＿＿＿＿＿＿＿＿＿＿＿＿

１列目に語彙を書き込んで、その語に関する知識から関係のあると思う列に印を付けなさい。

語彙	知っている。文のなかで使える。	知っていると思う。その意味を多分推測できる。	聞いたことがある。しかし、文のなかで使ったり、意味を推測できない。	聞いたことがない。何のことか分からない。

出典：『本物のリテラシー：教科領域で読み、考え、学ぶこと』（未邦訳）
ReLeah Cossett Lent, 2009, New York : Teachers College Press.

にして活動させればよいでしょう。逆に、（「段階2」やそれ以上の）知るはずもないと思っていた言葉を生徒たちが知っていた場合は、短い復習で済ませるか、それらの言葉を教えなくてもいいでしょう。語彙の指導に関して言えば、個々の生徒に合わせることは、すべての生徒に共通した既存の語彙リストを課題として出すよりもはるかに意味のあることになります。

教科書内の語彙学習

教科書の編集者たちは、内容を理解するためには語彙がとても重要だと理解していますので、語彙学習に対して大いなる配慮を施しています。紙に印刷された教科書では、新出の重要単語をカラー文字で強調しているほか、注釈に定義が書かれています。また、それらの言葉が違う場面で使われることを想定して、生徒たちが理解できるように表記するか、その言葉をイラストのなかで使ったりしています。さらに多くのたとえを提供し、意味の解釈を促すために、「ほかの言葉で言うと」や「いくつかのたとえとしては」などではじまる説明をしています。

一方、ディジタル教科書では、キーや言葉をタッチすると辞書の定義が提供されるようになっていますし、ほかの機能が生徒たちの語彙理解を助けています。

生徒にとってこうした有利な状況があるにもかかわらず、教科書の「すべてをカバーする」ア

表3－4　わずか2ページに含まれていた新しい語彙

- Coccus　（球菌）
- gram stain　（グラム染色）
- pilus　（線毛）
- cellular respiration（細胞呼吸）
- obligate anaerobes（偏性好気性菌）
- botulism（ボツリヌス中毒症）
- cytoplasm　（細胞質）
- bacillus　（バチルス）
- binary fission　（二分裂）
- anaerobic bacteria（嫌気性細菌）
- obligate aerobes（偏性好気性微生物）
- Treponema pallidum（梅毒トレポーマ）
- Fermentation　（発酵）
- Germinate　（発芽する）
- Spirillum　（らせん菌）
- Conjugation　（接合）
- Photosynthetic　（光合成）
- Organisms（有機体、生命体）
- Mycobacterium（マイコバクテリウム属）
- Tuberculosis　（結核）
- Syphilis　梅毒
- Endospores　内胞子
- Sterilize　殺菌する

プローチは、深い語彙理解においてマイナスになっています。多くの教科書が、十分な説明のないまま新しい言葉を多く使いすぎているからです。私は高校の生物の教科書で、見開き（左右二ページ）のなかに**表3－4**のような語彙を見つけました。

これらの語彙は、「マイコバクテリウム属結核、結核と呼ばれる肺の病気の原因になる有機体は、偏性好気性菌である」というように、簡単に定義されていました［参考文献49］。あまりにも多くの難しい言葉が、速いスピードで生徒に投げかけられているのです。

また、四年生の理科の教科書では、

単元のなかで多くの語彙を学ばなければならない状況において「適応」が強調されていました。それは、「両親から受け継いだり、それが生きるうえでの手助けになったりする体のパーツか習性」［参考文献56］というふうに定義されていました。この定義のあとにいくつかの例が提供されていましたが、「適応」という言葉は繰り返されておらず、「たとえ」とされているものとの間に言葉のつながりがありませんでした。

教科書は教師の仕事を確かに楽にしてくれますが、もっとも教えなければならない重要な言葉を選ぶだけでなく、生徒たちが知らなければならない概念的な意味も教師は提供しなければならないのです。

よい教科書の語彙の使い方

もし、あなたが使っている教科書が複雑すぎて、あなたでさえ二回読まなければ分からないような定義を載せていたり、新しく登場する難しい言葉に説明がなかったり、「たとえ」が提供されていなかったりする場合は、可能ならば教科書を換えるか、補足的な資料をもとにして授業を展開することをおすすめします。理想的と言えるものは、以下のような方法で新出語彙にアプローチしている教科書です。

・語彙を予習し、生徒の予備知識とつなげている。
・生徒になじみやすく語彙を定義している。
・語彙がどのように使われるかという例を載せている。
・章のなかで、違った形で語彙を使っている例を数回以上載せている。

「風化」という言葉を見てみましょう。侵食についての単元においてこの言葉は大切なので、よく六年生の理科の教科書に載っています。以下の文章は、生徒たちが完全にこの言葉を理解できるように書かれた例です。

「weather（天気）」は気温、嵐、そして風に関連していると思っているかもしれませんが、これにはほかの意味もあります。理科では、「weathering（風化）」は地球の表面で岩や石を壊したりする過程のことです。天気の要素である水、風、そして氷は、岩石を大きなものからどんどん小さな欠片《かけら》にしていくので、岩石の劣化を理解したときに「風化」という言葉の由来が分かるでしょう。

この章では、「物理的風化」と「化学的風化」という二種類の「風化」を取り上げていますが、今は「風化」という言葉の基本的な意味を理解しましょう。

このページに載せているスフィンクスの写真を見てみましょう。左側は造られたときのもので、右側は風化による現在の姿です。パートナーと向かい合って、石灰岩で造られたスフィンクスの顔を風化がどのように変えたのかについて話し合ってみましょう。(10)

もし、あなたの使っている教科書が新出語彙について明確に対処していないなら、生徒がそれらの言葉を理解できるようにするため、あなたならどのように書き直すのかを具体的に示しましょう。そして、生徒たちに、パートナーと協力して異なる文章を同じように書き直してもらいます。さらに、この教科書を使う次年度の生徒のために、教科書内にある鍵となる文章に関して完璧な説明がされているように書き直してもらい、付箋を貼ってもらいましょう。

また、生徒がディジタル教科書を使用しているなら、理解しにくい形で書かれている場合があることをふまえてください。その場合、定義への瞬時のアクセスは、残念ながら必ずしも深い理解を生み出すことにはつながらないということです。

(10)「turn and talk」ないし「think-pair」など、二人で傾聴しながら話し合う仕組みのことを指しています。

語彙を教えるうえで効果的な方法

語彙指導に関連する多くの本、記事、そして研究がありますが、もっとも分かりやすい研究である『語彙指導法を評価するためのガイドライン』〔参考文献20〕というタイトルの論文を見つけました。著者らは、語彙学習について現実的な提案をしています。

・指導は、新たな語彙と生徒たちの予備知識を結び付ける手助けとならなければならない。
・指導は、生徒たちの精巧な言葉の知識を発展させる手助けとならなければならない。
・指導は、生徒たちに主体的な語彙学習への取り組みの機会を提供しなければならない。
・指導は、生徒たちが自立的に新たな語彙を習得する方法を培わなければならない。

新たな語彙と予備知識を関連づける

第2章で説明したとおり、予備知識は、生徒が内容に関連した新たな情報をどれだけ学べるかを示す重要な指標となります。同様に、生徒たちが語彙に関連した予備知識と結び付けられるとき、彼らはその言葉の意味をよく理解し、より容易に文章を把握することができます。

第2章のなかでさまざまな活動が生徒たちの予備知識を培い、活性化に役立つ活動を紹介しましたが、同じようなアプローチは語彙学習においてもとても有効となります。以下は、生徒の知識と新たな言葉をつなぐ手助けとなるような語彙に関する活動の例です。生徒と扱うテーマに合わせて、もっとも優れた指導方法を選ぶことが鍵となります。すべての方法がすべてのテーマや対象に等しく機能するわけではありませんので、特定の単元におけるもっともよい活動を選ぶために、違う方法をいくつか試してみる必要があるかもしれません。

語彙をごちゃ混ぜにする――「読み」の前の活動をよく準備しておくと、言葉の学習と予備知識を培うことに取り組む生徒をサポートすることになります。「語彙をごちゃ混ぜにする」は、読んだあとの復習にも効果的です。詳細な語彙に関連した概念（数学の平面、理科の循環器系、社会の国家主義など）や、国語の短編小説か詩に関連した、語彙に頼った主要なテーマを紹介することなどに使います。

テーブルテント(11)に一つ語彙を書きます。たとえば、小学校理科で植物細胞を教えているなら、六つのテーブルテントに「細胞膜」、「細胞壁」、「液胞」、「細胞質」、「核」、「葉緑体」と一つずつ書きます。教科書とほかの資料、模造紙、そしてマーカーを各テーブルに置きます。生徒たちを

(11) おすすめメニューや商品告知などのように、テーブルやカウンターに置かれる紙製の販促ツールのことです。

それぞれのテーブルに振り分け、読む人、イラストを描く人、リーダー、そしてレポーターといった役割を与えます。

グループごとに有効な資料と材料を利用して、自分たちに与えられた言葉を書き、定義し、説明する用意をしてもらいます。全員が終わったら、各グループのレポーターが模造紙に書いたものをクラス全体に発表します。そして、拡大した「言葉の壁」をつくるために模造紙を壁に貼ります。この「言葉の壁」は、五年生の社会科で出てくる「ボストン・ティー・パーティー」[12]のように、（茶法、タウンゼンド諸法、ボストン港、イギリス東インド会社、ボイコット、イギリスの国会など）詳細な語彙があるテーマでも使うことができます。

質問カード——この活動は、予備知識を培うなかで言葉の意味を深く理解することに役立ちます。シンプルな言葉を使って生徒に意味を教え、索引カード（インデックス・カード）にその語彙を書いてもらいます。そして、カードの裏側に、以下の質問に答えるような指示を出します。

・社会科では、「もしも、あなたと友人が現代の遊牧民族だったら、あなたたちの人生はどのようなものになるでしょうか?」。
・理科では、「もしも、あなたがスーパーマンの力をもっていて、二枚の地殻のプレートに挟まれてしまったらどうするでしょうか?」。

・数学では、「もしも、あなたが変数だったら、その役目は何になるでしょうか?」。
・国語では、「もしも、あなたが主人公の経験するような差別に直面したら、どのように反応するでしょうか?」。

生徒たちに、学習パートナーと答えを共有してもらいます。『The Vocabulary Book（語彙の本）』［参考文献51］という本のなかで提唱されている語彙指導の一つとして、「質問カードを使うことは生徒に言葉を多面的に考えさせることになる」という説明があります。語彙の予備知識を培う鍵は、言葉を繰り返し使い、そしてさまざまな方法で読みはじめる前か課題に取り組む前に行うことだ、という点で研究者と教師は合意しています。しっかりした土台をつくることで、生徒が概念を内面化させる可能性が飛躍的に高まるのです。

複雑な語彙知識を発達させる

たいていの場合、どんな言葉を考えるときでも（とくに複雑で、複数の意味をもつ言葉を考え

（12）一七七三年に北アメリカの植民地人が、ボストン港でイギリス・東インド会社の茶を棄てたことから起きた反英闘争で、独立戦争のきっかけとなった事件です。

るとき)、その意味を知るためにいくつかの方法があることを知っています。表面的な意味、文脈によって異なる定義、内包的な理解、さらには意味への修飾まであります。

言葉と触れ合うほど、そして言葉同士の関係性を理解するほど、その言葉が使われた文章を読むときの理解はより深いものとなります。つまりこれは、生徒たちが言葉を見て、聞いて、そして正しく使うことで、その言葉だけでなく、その言葉に関連したすべてのテーマをより深く理解することができるということです。このような複雑な語彙学習は、生徒の語彙能力を高めるもっとも優れた方法と言えます。次のような活動で、生徒の語彙能力を高める手助けをしましょう。

語彙知識を精巧化するためのモデル——マルザーノら(七二ページ参照)は、言葉の意味を精巧化する助けになる、新たな用語を教えるときの六つの手順をすすめています[参考文献79]。

❶新たな用語の記述、説明、そして例を提供します。
❷記述、説明、たとえを自分たちの言葉で書き改めるよう生徒に指示します。
❸用語を表した写真、シンボル、図形をつくるよう生徒に指示します。
❹定期的な活動によって、生徒のノートにある用語の知識に新たな語彙を加える手助けをします。
❺定期的に、用語の意味をほかの人と話し合うよう生徒に指示します。
❻用語を使って遊べるゲームをします。

三年生か八年生の理科の授業で、「変成岩」についての説明においてこの流れを使うことにしたとします。すると、あなたの指導は次のようになるでしょう。

❶教科書かほかの資料にある変成岩の写真を生徒に見せ、熱と圧力からどのように岩が形成されたかについて説明する。

❷生徒たちの「科学者ノート」の語彙欄にある説明文を、自分たちの言葉で書き直させる。

❸小グループに分かれて変成岩の絵を描かせるか、インターネットで変成岩の例を見つけさせるか、変成岩が形成された過程を説明できるような図を描かせる。

❹「変成岩の種類」のように、単元の過程でその言葉に関連した異なる情報を用語の下のスペースに記録させる。

❺岩石を提示し、ペアになった相手に見せ、なぜそれは変成岩なのか、または変成岩ではないのかについてお互いに説明させる。

さまざまな方法で意味を表現する――私は、それぞれの教科においてジャーナル(13)をつけることを主張してきました。基本的にジャーナルは、生徒一人ひとりが何をどのように学んだのかについ

---

(13) 国語の「作家ノート」や「読書ノート」、算数・数学の「数学者ノート」、理科の「科学者ノート」をつけることです。

て明らかにし、かつ表現しやすくすることで彼らを自立的な学習者にすることになります（詳細な情報は第5章で掲載）。たとえば、ある生徒の場合、祖父がキューバ出身で、そのことに関連したことを話してくれていたおかげで「キューバ危機」について十分な理解をしている可能性があります。社会科におけるこのテーマに関連した生徒の語彙記録には、初めてこの用語（キューバ危機）を知った生徒よりも完璧な意味が書かれていることでしょう。

生徒たちの「科学者ノート」の語彙欄に、教科書とほかの資料から得た新たな語彙を記録します。生徒たちは、十分な時間と意味をつくり出すために必要とされる情報を与えられたあと、自分たちの言葉で定義を書き込みます。予備知識にある言葉に関連したことを記録したり、その言葉を表現した絵を描いてもらうのもよいでしょう。

表3－5は、生徒たちが記録を構成するうえでのシンプルな形式の例です。生徒を小グループに分け、定期的に互いの語彙記録を共有してもらいましょう。

見える化用紙——西ヴァージニア州のウェブサイト（https://wvde.state.wv.us/osp/graphicorganizers.html）のように、多くの州教育省は「見える化用紙」の例を提供しています。「見える化用紙」は、とくに視覚的に学ぶことを好む生徒の興味を引き付けるので、言葉の深い理解を手助けすることになります。

表３－５　国語と社会における生徒の語彙記録の例

語彙についてのつながりや関係は、歌、本、映画、経験、記号を含んでいます。			
語彙	自分の言葉での定義	つながりや関係	イラスト
例：理想主義	あることが理想的で、完璧で、もっともよいように見えたとき。	私にとっての理想主義は暴力や戦争のない世界を考えること。	

教師が一つの「見える化用紙」をクラスに提示して、ワークシートのような形で全員に埋めさせると問題となります。そうではなく、さまざまな「見える化用紙」を用意して、生徒たちがその言葉に一番しっくりきて、自分の好みにあう「見える化用紙」を一つ選んで、個人的な学習ツールとして使えるようにしましょう。生徒たちがチームで活動し、自分たちの「見える化用紙」をクラス全体で発表するというのもいいでしょう。

すべての教科でもっとも効果的と言える「見える化用紙」の一つが「フレイヤー・モデル」です［参考文献43］。中学数学の用語である「絶対値」に関するチャートを**表３－６**として紹介します。

フレイヤー・モデルの多様な種類――このモデルの使い方には制限がありません。次のような質問を使うことで、この「見える化用紙」をさらに効果的に活用することができます。

表3－6　フレイヤー・モデルの例

絶対値の語彙と概念を定義する	似たような語彙や概念と異なるのは
数の絶対値は数直線上での0からの距離です。絶対値は正の値をもちます。なぜなら、0からの左か右へ伸びる距離として表されるからです。	数の絶対値は必ずしも数そのものとは同じではありません。
この語彙の例	**語彙の例ではないもの**
［2］=2,［−2］＝2	（−2），−（−2）

・それは何をするものなのですか？
・いつ、どこで、なぜ、どうして起こったのですか？
・それはどういう匂いがし、感じ、味がし、聞こえ、そして見えますか？
・それのよいところは何ですか？
・それの悪いところないし問題は何ですか？
・この問題はどのようにすれば解決できますか？
・どのような種類が存在しますか？
・それのつながりは何ですか？
・それの類義語／対義語は何ですか？
・それには、どんな段階がありますか？
・それに対して支持する意見は何ですか？　反論は何ですか？
・それはどのように描かれますか？〔参考文献71〕

表3－7では、地学用語である「干ばつ」に関する適切

表３－７　フレイヤー・モデルを「干ばつ」に適用

それは何か？ 干ばつとは、ある地域に十分な雨が降らないこと。	何が問題なのか？ 動物はその地域から移動し、飢饉が起こり、生態系のバランスが崩れるかもしれない。
どうすれば解決できるのか？ ダムを造ることや、海水を灌漑したり、人工的に雨を降らせたりする。	それはどのようなものか？ のどが渇き、飲むための水がない状態。

な質問を用いて、フレイヤー・モデルを使った事例を示しています。違う用語をグループに与えて、生徒たちが教科書を読み漁ったり、学んだことを応用するように質問を構成したりすることで意味が広がり、学習が深いものとなります。

コンセプト・ラダー（概念の梯子）――「コンセプト・ラダー」と呼ばれる「見える化用紙」を使って、不正、不況、自由などといった国語や社会科で使われる内容を反映した言葉へのアプローチをしている研究者もいます。この方法を使うことによって原因と結果を記録し、歴史的な例と現代的な例を挙げ、読みでのつながりを提供することができます。

　これによって生徒たちは、概念に反映するような発問に取り組むことで「理解」というはしご（ラダー）を上ることができます。

・概念は、
・原因は、
・結果は、
・関連している用語は、
・語彙と類義語は、
・歴史的な例は、
・現代的な例は、
・証拠は、
・文学／読むこととのつながりは、［参考文献1］

図３－１　コンセプト・ラダーの見える化用紙

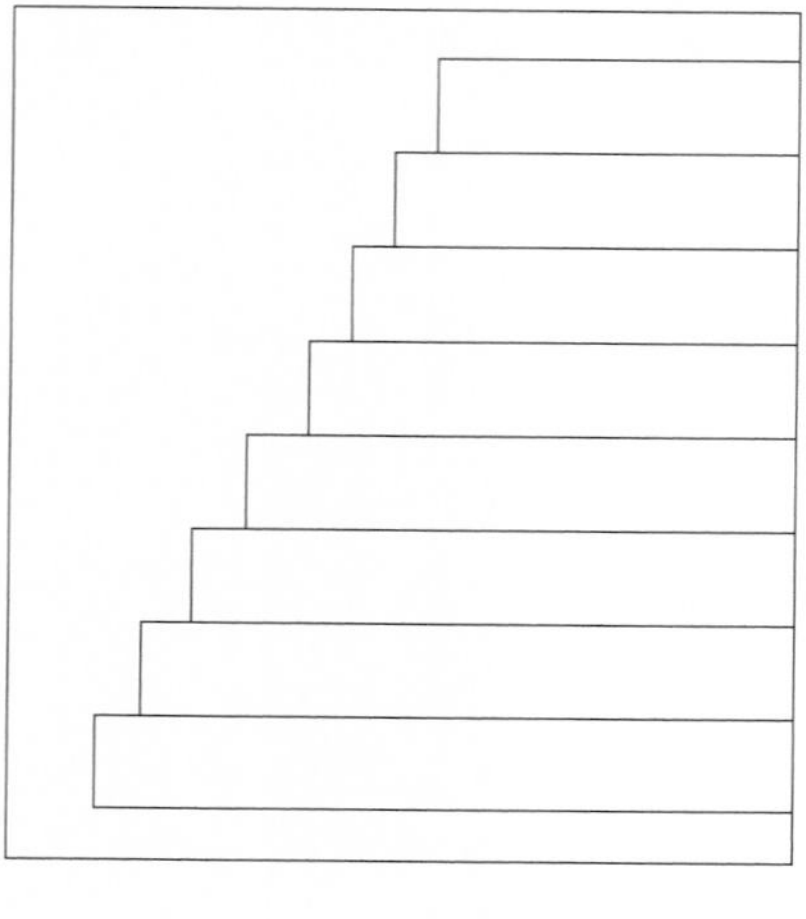

活動的な語彙指導の教え方

学習に生徒たちが活発に参加しているときは、彼らの積極性が高まり、目標を達成する可能性に満ち、時間が止まったような満足感が得られるものです。いつでも、可能なときに、活発なやり取りが行われる語彙学習の方法を見つけましょう。

経験を与える――単なる言葉の定義ではなく、概念に関連した経験を提供することによって、何層もの言葉の意味を発見する手助けをします。次のような活動を通して生徒たちに、主体的に言葉を経験してもらってください。

・専門家にお願いし、生徒たちの深い概念理解を促します。たとえば、高校の経済の授業において「**上げ相場**」の概念を理解させたかったら、「上げ相場」に貢献している要因は何か、「下げ相場」とはどのように違うのかについて、証券会社の人を招いて話してもらうとよいでしょう。また、理科で免疫系について話し合う場合は、免疫系障害が原因となっているさまざまな病気について説明できる医師を呼びましょう。さらに建築家であれば、角度の計算がどれだけ仕事の正確さを左右するかについて数学の生徒に示すことができるでしょう。

いずれにしろ、ゲストには一方的に話をしてもらうだけでなく、生徒たちが質問する時間を取るようにあらかじめ伝えておきます。ゲストに対して、生徒たちがインタビューをするというのもよいかもしれません。

・小学校か中学校の社会科で学ぶ「発言の自由」のような概念的な用語に関連した写真や映像を見せたり、その言葉を描写した写真を生徒に持ってきてもらったりします。視覚的な「言葉の壁」をつくるために、生徒は関連した言葉ごとに写真を分類します。重要な言葉が描写された語彙のパワーポイントを作成したり、高校の社会科に出てくる「自民族中心主義」、小学校の理科に出てくる「生態系」、そして数学に出てくる「余事象」のように、概念的な言葉についてのブログを書いたりしてもよいでしょう。

・生徒がオウナーシップをもてる（「自分のもの」と思える）言葉を提示して、その語彙について紹介してもらいます。そうすることによって、生徒がその言葉を徹底的に理解することになり、理解することが難しい生徒に例や類義語、簡単な定義を教えることができます。国語のクラスでも、詳細な場面設定があるか、馴染みのない文化を扱っている短編小説を生徒が読んでいるような場合にこの方法は役立ちます。

焦点化した話し合い——国語のクラスで詩か短編小説を読んだあと、クラス全体か小グループで「ステレオタイプ（固定観念）のような言葉について「焦点化した話し合い」を行います。このような話し合いは一つの言葉ではじまりますが、その後、生徒たちは、鍵となる質問について話し合ったり、その言葉に関連した大切な概念にまで深く入り込むことになるでしょう。さらに、「人種差別はステレオタイプに由来しているのだろうか?」というような点について話し合うと、彼らは言葉の多面的な意味まで理解できるようになるはずです。

また、理科の気候変動や原子炉、数学の比率、交線、モンテカルロ・シミュレーションの使い方のような内容にも、「焦点化した話し合い」は有効です。典型的な議論が文章をめぐるものであるのに対して、この方法は、語彙、用語、そして概念に目を向けた話し合いとなります。

その一例として、高校の歴史の教師が国語の教師と協力して、「ピューリタン（清教徒）の倫理」についての授業において、話し合いを促すために次のような質問を提供して生徒たちに探究させました。そして、一つの小グループに一つの質問を提供して、クラス全体でその話し合いの要点を発表させることにしました。

・今日の一〇代の若者のなかには、ピューリタンの倫理に対して快楽主義の哲学を取り入れていると主張している人たちがいます。この主張者に答えてください。

・ピューリタンの倫理をまだ実行しているアメリカ人のグループを何と言いますか？　この倫理は、どのようにしてアメリカン・ドリームをつかむ機会を増やす（または減らす）のでしょうか？

・たった今、あなたは自分の会社をつくり、ピューリタンの倫理をミッション・ステートメント（社訓）に取り入れたいと考えました。しかし、数人の取締役たちは、それが将来の顧客にはあまり好ましくないものとして反論をしています。それに対するあなたの意見を、会社のミッション・ステートメントの用語を含めて述べてください。

オンラインのツールを使う――インターネットの検索エンジンにその言葉を打ち込むだけで、生徒たちは言葉の意味を知ることができます。チームごとに語彙リストを分け、最小限の指導のもとインターネットで調べてもらうのです。たとえば、「非生物的」という言葉を調べると数々のサイトを見つけることができますが、そのなかには信頼できるページもあれば、そうでないものもあります。

メキシコ湾における原油流出事故を扱ったとき、石油がルイジアナ州に流れ込んだことは非生物的噴出油に関連しているという議論を説明したウェブサイトまで見つけました。生徒に「非生物的」という言葉をインターネット上で読むための時間を十分に与え、発見したことをクラスで発表させましょう。このような機会は、インターネット上での「疑い深い読み手」になる方法を生徒たちに理解させると同時に、調べた言葉の意味について議論することを可能にします。左のページに掲げた**表3‐8**は、生徒が能動的に語彙学習に取り組めるウェブサイトの例です。

生徒が自主的に語彙を習得できるように手助けする

明示的な語彙指導は、難しい文章や概念を生徒が理解するために必要となる手助けですが、それと同時に、私たちは彼らが自主的に勉強することを望んでいます。つまり、生徒が分からない言葉に直面したとき、どうすればよいかについて学ばなければならないということです。最終的には、生徒たちが熟練した読み手となって、教師がリストに言葉を載せるのを待つのではなく、その言葉について何ができるかについて自分で決定できるようにならなければなりません。

表３－８　語彙の学習に使えるウェブサイト

http://www.wordle.net/	生徒は、このサイトで提供してくれる情報で語彙のクラウドをつくることができる。
Visuwords www.visuwords.com	生徒は、オンラインのグラフィック辞書が使えたり、つながりや関係のある類義語を調べたりすることができる。
Jeopardy Labs www.jeopardylabs.com	教師と生徒は、このサイトを使って「ジェパディ」(＊1) のようなゲームがつくれる。
VocabAhead www.vocabahead.com	生徒はこのサイトを使ってSAT (＊2) の準備に参加できたり、語彙の説明をする映像を見たりすることができる。
Quizlet http://quizlet.com/	生徒と教師は、このサイトにアクセスして、ディジタルのフラッシュカード (＊3) をつくることができる。

（＊1）　アメリカの人気クイズ番組
（＊2）　アメリカの大学進学適性テスト
（＊3）　単語などをちらっと見せて答えさせるためのカード

教科書に掲載されている新しい言葉にどのようにアプローチするかについて生徒に見本を示し、生徒自身が自ら読み、学べるという安心感がもてるようにしましょう。生徒たちが新たな言葉に出合って考えたとき、たとえそれを飛ばして先に進んだとしても、やはり立ち止まることが正しい方向に向かって進む第一段階となります。

七年生の社会科の教科書には、「アパルトヘイト」という言葉が出てきます。おそらく、教師はアフリカの章において語彙学習の一部としてこの言葉を教えることになるでしょうが、教師は生徒に、立ち止まって言葉を調べるべきか、それとも読み進めるべきかについて、決定すべき例を示すことができます。もし、次のような状況であれば、生徒はその言葉を知っているべきとなります。

・テキストの文字が強調してある。
・章の最初に、重要な言葉としてリストに挙げられている。
・教師から指摘された言葉である。
・インターネット上の文章にあるほかの情報とつながる。
・見出しに使われている。
・イラスト、図表、問題、そして写真に使われている。
・テキストのなかで何回か使われている。
・「たとえ」として使われている。

逆に、次のよう状況であれば、生徒はその言葉を覚える必要がありません。

・テキストで一度しか使われていない。
・重要でない人物か、重要でない場所を識別するために文章で使われている。
・テキストの主要なアイディアとは無関係となる、技術的ないし外国の用語である。
・言及されているが、説明がされていない。

前例の「アパルトヘイト」という言葉を生徒は発音できないかもしれませんが、数年前に学習した重要な概念であるアメリカの「隔離」と比較して読むはずです。生徒はまた、ネルソン・マンデラ（Nelson Rolihlahla Mandela, 1918～2013）の写真を見て、彼のことを知らなかったとしても、「彼は、アパルトヘイトに反対したことで何年もの間、刑務所にいた」という注釈を読むことでしょう。深慮深い生徒であれば、もし教師がこの章を読むときに扱わなかったとしても、この言葉は重要だと分かるはずです。**テキストのなかで何が大切であるかについて判断するというスキルは、語彙学習も含めてすべての読みに応用することができますので、すべての授業で強調されるべきことになります。**

補足の読み物を通して言葉に触れさせる

ほとんどすべての語彙研究者が、新たな語彙習得に「読む」という簡単な方法を推奨しています。ある研究者の、「**語彙力の成長を生み出すのは語彙指導ではなく、たくさん読むことなのである**」［参考文献86］という言葉は、おそらくこの方法の特徴をもっともよく言い表していると言えます。

学ぶ内容にとって重要となるテーマについて読めば読むほど、生徒たちは内容全体の理解が深まっていきます。あなたが読んだことのある記事や本を生徒たちに読み、教科に関連したクラスの図書コーナーをつくり、[14]教科の学びをサポートするための言葉に触れさせましょう。以下で説明するのは、生徒の語彙能力を培うほかの方法です。

多様性のあるクラスの図書コーナーをつくる——教科に関連したすべてのテーマについて読みの機会を提供して、生徒たちを言葉漬けにしましょう。家で読むようにすすめたり、授業中に読んだりする機会を設けます。教室の図書コーナーに置く予定の本や記事には、注目して欲しい語彙にアンダーラインなどで強調するか、読みの最中に遭遇した新たな言葉をノートに書き留めるように促します。

社会科／国語の合科チームの教師として、私たちはたくさんの資料源から集めた情報で生徒たちを「資料攻め」にしました。ほどなくして、彼らは主体的に記事を読むようになっただけでなく、価値のある副産物として語彙知識が増えました。

読み聞かせを積極的に行う——生徒たちに読み聞かせ[15]をすることによって、自分では読めないかもしれない言葉を聞かせることができるほか、内容知識を深めることができます。たとえば、中学校の理科教師たちは、『Code Orange（コード・オレンジ）』（未邦訳）［参考文献24］という細胞について予備知識が培えるような、天然痘をテーマとした小説の読み聞かせを生徒たちが楽しみしていることに気づきました。この本以外にも次のような本を挙げることができます。

『夜中に犬に起こった奇妙な事件』［参考文献54］は、自閉症をもつ子どもの目線で語られています。この物語の主人公は数学の天才であり、中学校・高校の数学の授業では、数学に関連する語彙を聞くことができます。また、『クレイジー・サマー』［参考文献126］は、ブラックパンサー(16)の行事に「参加」する様子が書かれていますので、小学校の社会科に適しています。

生徒が言葉に敏感になるようにする——ある研究者は、語彙注意力は「鋭く言葉に気づくことと、言葉に鋭く興味をもつこと」［参考文献51］だと言っています。語彙を教科指導の一環とすることで、生徒たちは言葉に注意を払うようになります。「言葉の壁」をつくりましょう。学んでいるテーマに関連したウェブサイト、政治的な漫画、見出し、歌詞、そしてブログを探してもらい、「読んでみよう！」という「言葉の壁」に貼ります。生徒たちが、言葉の意味を写真や類似したもので示したり、珍しい定義を付け加えたりするというやり方もあります。特定のテーマに関しては、対話式の「言葉の壁」にしてもよいでしょう。

---

(14) この文章は教科担任制で、しかも教師が自分の教室をもっている中・高の授業を前提にした発言です。小学校の場合、主要教科は担任教師によって教えられています。

(15) 『読み聞かせは魔法！』は、読み聞かせが文字を知らない子たちを対象にしたものでも、日本で広く行われている方法以外に多様な、年齢も問わない方法があることに気づかせてくれる本です。

(16) 一九六〇年代から一九七〇年代にかけて、黒人解放を訴えたアメリカの政治活動団体です。

語彙学習――よい時間の使い方

本章で取り上げた活動は、すでに手いっぱいとなっているカリキュラムのなかにかなりの時間を割くことにつながりますが、研究では、語彙は読んだ内容の理解に貢献するもっとも重要な一つであることが証明されている、ということを思い出してください。もし、教科書とほかの広範な内容が盛り込まれている資料を生徒に理解してもらい、本当にその教科について理解してもらいたいのであれば、豊富で広範囲な語彙学習を彼らに提供する以外に効果的な指導方法はありません。

実践コミュニティー　考慮された語彙学習

ここでは、効果的な語彙学習とそれをどのように授業内で試みるかということに特化して説明します。共同して語彙指導に取り組む教員グループは、生徒の理解と積極性が容易に得られることを知っています。次に示すのは、グループとして活動するときの概要です。

ミーティングでは……

❶グループで、あなたが教える次の単元か章の語彙リストを復習し、言葉を分類します。

❷生徒たちが知るべき言葉を、どのように教えるのかについての方法を話し合います。その際の選択肢には、次のようなものが含まれます。

・生徒たちの言葉の理解を助けるための図表、イラスト、そして視覚的ヒントを教科書のなかから見つけて検証します。生徒たちに語彙を紹介するときに言えるよう、適切な言葉のほかにページ数も書き留めておきます。

・語彙を学ぶ活動のために、章をひと通り見ておきます。その章で紹介された内容を頭に入れて、それぞれの活動の有効性を議論しましょう。各グループにとって、それぞれの活動がどのように実行可能かについて考えます。

クラスでは……

❸生徒に「段階1」と「段階2」の言葉を与え、**表3－3**（一一〇ページ）に似たような言葉の関係尺度を埋めてもらいます。なお、**表3－5**（一二三ページ）に生徒用記録のサンプルを載せておきました。

❹次のミーティングまでに生徒と語彙の活動を行い、ステップ❺に書かれてある情報を収集

します。そして、語彙レッスンとその効果についてグループ内で話し合います。

フォローアップのミーティングでは……

❺選んだ活動をもとに、生徒たちが新たな言葉をどれほど学んだかを示したデータ、観察したノート、そして映像を教師と共有します。

❻次は、どのように取り組むかについて話し合います。

・違う語彙の活動を試みます。

・効果的と思われる語彙の活動を使っている教師を観察します。

・語彙授業をティーム・ティーチングで行います。

・ステップ❶～❺に手を加えて、また行います。

第4章
学ぶために読む

私の父は、かつて敬愛していたロバについて語ることが好きでした。毎晩、餌の時間には、そのロバは働くのをやめて納屋に戻ってきたそうです。「頑固は、控えめな表現です」と、父は言っていました。

「オールドジャック（年老いた雄のロバ）は食事の時間を知っていたので、どんなに叫んでも、餌でつっても、全力で引っ張ったりしてもダメでした。一緒であろうとなかろうと、時間になれば納屋に戻っていったのです」

同僚たちを傷つけてしまうというリスクがありますが、父が友だちのジャックに寄せていたのと同じような愛情をもって私たち教育者は、決してやりたいとは生徒が思っていないことを、「やりなさい」とたくさん言わなければなりません。ジャックにとっては畑で働くことがよい時間の過ごし方とは言えなかったようなので、自分の主張を一歩も譲らないこともありました。

今挙げたたとえは、読むことに関する章と何の関係があるのでしょうか？

私は、文学と言葉が大好きで国語の教師になりました。また、『黒馬物語』（岩波少年文庫・アンナ・シュウエル）［参考文献113］を読んだときと同じように、生徒が本に恋をするのを助けたいとも思いました。その本を読んだとき私は、そのときまで知らなかった世界にいるような気持ちになったのです。

しかし、これまでに習得したほかのどのスキルよりも読むことを重視する教師であった私でも、研修に行って「リーディング（読むこと）の教師」になるように言われたとき、とても驚きました。私がびっくりするくらいですから、数学や理科、社会の教師たちであれば絶対に驚いていたはずです(1)。

この研修会で、私は初めて包括的な読み方(2)について学びました。それは、ゆっくり動く雷のように全米各地の学校に紹介されたものと同じ方法でした。それらの方法によって、私の好きな文学に生徒が親しんでいくことを手助けしていると気づいたとき、その方法の真のすごさを理解することになりました。しかし、父のロバと同じように、一日中、一生懸命教える国語以外の教科の教師たちにその方法は無視され、その日の終わりに彼らは、単純に読むことを教える教師になることを拒否したのです。

どの教師も教科内容で読むことを教える

今、読み・書きについて教師と話をするとき、「カリキュラムを横断して読むこと」という言葉を私は決して使っていません。その代わりに「教科内で読むこと」と言っています。もちろん、各教科の教師がもっている幅広い知識を高く評価しています。教えている教科で初心者だったときに自分が学んだ方法を使って、各教科において生徒が読むことを学べるように助けてほしい、と私はお願いしています。このことについて、二人の研究者が次のように説明しています。

歴史学者は、科学者や数学者がそれぞれの分野でテキストを読む方法とは若干異なった方法で歴史の書物を読みます。たとえ歴史学者、科学者、数学者が一般的な読解力を身につけ

（1）日本の読む教育は、国語でする読解教育と、それ以外の図書（読書）教育が二分されています。この分断を何とかしないかぎり、現在の読む文化を改善することはできないでしょう。この章で扱われることは、読むことを他教科でもしっかり取り組もうという提案です。

（2）この方法については、このあと一四九～一五〇ページで紹介されています。さらに詳しく知りたい方は、『「読む力」はこうしてつける』と『理解するってどういうこと？』を参照にしてください。

ていたとしても、それを応用して自らの専門分野のテキストを読んで考えられるようになることが専門分野のテーマを学ぶときには欠かせません。［参考文献119］

そのため、読むスキルを生徒が身につけるために支援をすることは国語教師の仕事となり、各教科の概念を理解するために読むスキルを利用する方法を教えることが個々の教科担当教師の仕事となります。教科書を読むときは、教師やその分野の専門家としてではなく、生徒の目で読んでください。教師として、その内容についてはよく知っているはずですので、あなた自身がそれを書くこともできるでしょう。

数学で「有理数を比較して並べる」、小学校社会科で「王に嘆願する」、または高校の生物学で「菌類を分類する」とはどういう意味なのかについては、各教科担当の教師であれば知っているでしょう。しかし、生徒にとっては、それらの用語はおそらく新しいもののはずです。

語彙というのは内容に固有のものであり、そのために難しいだけでなく、書かれたものは読み手にとっては配慮に欠け、粗雑になりがちです。では、どのように粗雑なのでしょうか？　それは十分に詳細な情報を提供せず、面白くなるように努力をせず、生徒の経験とは無関係の方法で内容を議論しているからです。(3)

六年生が使っている理科の教科書の一節を読んでみましたが、誰もが眠ってしまうようなものでした。ましてや、マルチタスクを好み、エネルギーにあふれ、性的な関心が高まるプレティーン（九～一二歳の子どもたち）ではとくにそうなります。その内容は、空気の成分についてパーセントが次から次へと登場してくるほか、同じ文体の繰り返しになっていました。

その部分には、生徒が生き生きとするような要素がまったくなく、興味がもてるようなものではありませんでした。このようなところに注意をして、生徒があなたの教える内容を嫌いになるのを防ぐために、必要とされることは何でもしてください。

多くの大人が、教科書で示された退屈なやり方のせいで特定の教科を嫌いなったことを認めています。(4)**残念なことに、その嫌いになった教科への情熱が本当はあったことにあとから気づく人もいます。**

教科書が退屈で、しかも権威的な形で書かれている事実は残念なことです。多くの読み方の指導、多くの補足テキスト、そして多くの実践的な体験活動を組み込んでいく必要があります。(5)

（3）教科書の問題点がここに凝縮されているかのようです！

（4）訳者の一人も、間違いなくその一人です。国語の教科書と授業で読み・書きが嫌いになりましたが、それを払拭するように、過去一〇年間は読み・書きの教え方に関連する本をたくさん出版しています。

（5）そのために参考になる文献リストが「作家の時間、おすすめ」で検索すると見られます。それらは読み・書きが中心となっていますが、すべての教科に応用できることがすでに証明されています。

一つのやり方ですべてがうまくいくことはない

教師用に出されているほとんどの教科書では、事前、事中、事後、教科内容に特有となる読む活動を見つけることができるでしょう。教科書会社は、教科書のほぼすべての章に付随する効果のある学習活動を開発するために、有能で経験豊富な研究者、大学教授、教師、そして内容に関する専門家を雇っています。過去二〇〜三〇年間、読むことは連邦および州の予算においては優先される支援項目となってきたため、教科書会社はそれが最優先事項であると考えてきました。

しかしながら、課題は残ったままとなっています。教科書会社がアインシュタインを雇ったとしても、**執筆者たちは、あなたが受け持っている生徒たちの背景や能力を知ることはできないのです。**あなたの四時間目の授業に三五人もの生徒がいること、そしてこれらの生徒たちが、体育の授業のあとであり、昼食前の空腹状態で、しかも廊下ではじめた友だちとの会話が気にかかる様子で教室に入ってくることも知りません。また、一時間目にはうまくいったことが四時間目にはうまくいかないという事実も彼らは知りません。ですから、有糸分裂の不思議さについて、雇われている誰かがこの生徒たちに夢中で読ませる状態をどのようにつくり出すのか見てみたくなることでしょう。

教科書に書かれている順番ということを理由にして読み方を教えることは、あるクラスがほかのクラスと完全に違うにもかかわらず（さらには、クラス内の個人の違いについて何も言及せずに）、クラスを構成する多くの条件という変数をまったく考慮に入れていないことになります。一律に教えるのではなく、特定の生徒にどのような方法を使用するかについて知っておく必要があります。さらに重要なことは、自立した読み手になるために、彼ら自身が必要な方法を選択し、それを使いこなせるように教えることとなります。

ところで、方法とは？

方法は、目的を達成するための助けとなるやり方にすぎません。料理のため、スポーツをするため、九九《くく》を思い出すため、そして子どもを育てるためなどの方法があります。それを読むことに当てはめると、「読み手が自立した思考を構築するために使用する意図的な計画」となります［参考文献118］。

方法のいいところは、自分にあったものが見つけられると、何かを行うことがかなり楽になるということです。成功するために、苦労をすることがなくなるのです。一方、効果があるかどうか、課題に適しているかどうかにかかわらず、自分に合わない方法を使用してしまうと時間の浪費となり、望まない方向に進んでしまうことがあります。さらに、文脈と目的によっては、ある時期においてはある人に有効なことでも、次のときにはまったく役に立たないということもありえます。**目標とすることは、生徒が各教科の優れた読み手になることです。**

生徒自身が読むことについて考え、理解できていないことを知り、それについて何をすべきかを考えることによって優れた読み手になります。これについては、次のように書かれている研究もあります。

「優れた学び手は、自分が何を、どのように、いつ、そしてなぜ読んでいるのかをモニターすることと、『理解のための方法』を使いこなすことの大切さを知っています」［参考文献119］

結局、教師は生徒のためにこれらの決定を下すことができません。教師にできることは、文字通り質問に答えたり、テストで正解を得るためにテキストを使ったりするのではなく、「読むこととは、読んでいるテキストの意味をつくり出すことなのだ」と生徒に教えることです。要するに、読むことは考えることのすべてであり、「理解するための方法」は、そのプロセスにおいて私たちの助けとなる「内面化された足場」(6)なのです。

「読む課題やテキストの要求に応じて柔軟に使いこなすことができるように多様な理解をするための方法」を生徒に教えることの利点について論じ、「より伝統的な読み方しか教わっていない生徒たちに比べて、より新しい『理解のための方法』を教えられた生徒たちはより高いパフォーマンスを示した」という研究成果を紹介している研究者らもいます。続いて彼らは、「多様な読み方の指導が理解を容易にするだけでなく、実際には標準化された試験の成績にも反映されている」(7)［参考文献57］と述べています。

教科に特有の読むための方法

読む際の方法とされている多くのレパートリーが生徒に役立つことを知っている教師の質問は次のようになります。

「どの方法を生徒に教えたらいいでしょうか？　教師用の教科書に紹介されている何百もの活動のうち、どの活動を生徒に使用したらいいのでしょうか？」

もし、あなたが編集者によって提案されているすべての活動を使用したならば、理科、社会、数学、または国語の教師の代わりに読みの教師になれるでしょう。一般的な読み方が、あなたの求めているものでないことを忘れないでください。あなたが教えている教科で、生徒を助けることになる読み方が欲しいのです。

---

(6)　つまり、「理解のための方法」を頭の中に取り込んでおけば、それらをいつでも使って、利用できるという意味かと思います。

(7)　そのために役立つ本が一四一ページの訳注(2)で紹介した二冊の本です。そのほか、『イン・ザ・ミドル』、『リーディング・ワークショップ』、『読書家の時間』も参考にしてください。

常に目標は、生徒が科学者、歴史家、作家、詩人、または数学者などとしてテキストが理解できるようになり、これらの各分野の概念をより良く理解できるようにサポートすることです。ポートランド州立大学のスーザン・レンスキ（Susan Lenski）は、各教科の教師が読み方を教える際、どこに焦点を合わせているのかについて基本的な違いを示しています。

国語教師の焦点は、複雑な文学作品を解釈するために文芸的なテクニックの使い方を生徒に教えることに当てられています。数学教師は、正確にテキストの読み方を教えます。理科教師は、情報をある形式から別の形式に変換する方法を説明します。そして、歴史教師の場合は、情報源を評価し、根拠となるものを分析し、その結果を示さなければなりません。

［参考文献70］

同じ教科の同僚たちと学年を超えて協力したり、教科の専門家がテキストを読む方法について対話をして、スーザン・レンスキより先に行くことをおすすめます。あなたが教える教科において、生徒がテキストを読むために必要とされるスキルについて明確になったら、教科書を読みながら、生徒にとってもっとも役立つ方法を明らかにする準備ができたということです。本章の終わりにある「実践コミュニティー」のために提案された活動を読んでください。

効果的な読み方と活動はどのように選ぶのか？

教科書の活動や方法を検討する際には、熟練した読み手が行っている習慣を促進するものを優先してください。熟練した読み手がしばしば無意識のうちに使用している五つの方法を紹介している実践書もあります〔参考文献58〕。そこで紹介されている方法が、オンラインテキストと印刷されたテキストで使えることに注意してください。優れた読み方に関する方法と活動は、熟練した読み手の習慣を足場にするだけでなく、強化することにもなります。

①**関連づける**——理科で在来の植物を使って庭をつくったり、数学で予算を組んだりするなど、生徒が読んだものから知っているものへと、何らかのつながりのある活動を探してください。予備知識を構築して活性化することは、読み手がつながりを見いだすのにも役立ちます。

②**質問する**——情報を受動的に受け取るのではなく、好奇心をもつ読み手や考える人になるように促す探究活動を見つけてください。多くの教科書では、討論、インタビュー、ウェブクエストなどのプロジェクトが提案されています。これらはすべて、生徒に役立つよい方法です。

③**「イメージを描く」と「推測する」**——予測をしたり、可能性を想像したりすることによって、文章を超えて生徒が学習を広げるために役立つ活動を探してください。行間を読んだり、彼らが

学校外で使うリテラシー、とくに強い視覚的な要素をもつ携帯電話やインターネットを含むものを使ったりすることによって、深く理解できるようになる活動を見つけてください。

④**何が大切かを見極める**——なぜ、その情報が重要なのかについて理解できるように、生徒が情報を見つけて利用するために役立つ活動を探します。教科書にある、すべてのセクションの主要なテーマを書かせるだけの課題は無視してください。「なぜ」ではじまる質問を探すか、見出しを「なぜ」の質問に変更させ、答えが文中にあるかどうかを確認させます。

⑤**「要約する」と「統合する」**——このスキルは、さまざまな情報源から情報をまとめて理解しなければならないディジタル教科書を使用するときに重要となります。生徒が内容をまとめるのに役立つ活動を探します。とくに、オンラインの学習内容、パートナーとの要約文の作成、またはプレゼンテーションでの要点作成などにおいて、内容を要約する形で取り組ませる活動を探してください。「見える化用紙」も、このスキルを磨くための優れたツールと言えます。

いつ、どのようにしてその方法を教えるのか

「理解のための方法」を教える最適な時期は、生徒がそれを使う必要があるとあなたが判断したときです。特定の日にすべての教師が特定の方法を教えると、ワークシートを埋めるレベルに格下げすることになり、生徒が方法の目的を理解するのには役立ちません。たとえば、中学校や高

校の理科で地震波の概念を理解するのに問題がある場合は、「見える化用紙」を与え、そこに概念を可視化できるようなイラストを付け加えさせるなど、さまざまな種類の地震波に関する重要なアイディアを記録させてください。教科書の教材のなかには適切な「見える化用紙」のテンプレートがあると思いますが、ない場合は以下のアドレス(https://www.edhelper.com/teachers/General_graphic_organizers.htm)にアクセスしてください。

方法を教えるための最善のやり方は、たくさんのモデルを使用して、明示的に行うことです。ニューヨーク州立大学オールバニイ校文学教育センターに所属しているジュディス・ランガー(Judith Langer)教授は、次のような形でそのことを私たちに思い出させてくれます。

学問的な専門家である教科の教師は、その教科にふさわしい思考方法に生徒を導き、モデルを示し、さらにそれを試す機会を提供する必要があります。彼らは、生徒が理解を深め、知識を得ることを助ける形で、教科の専門的な言葉と思考法を使うという機会を与えることができます。生徒がさまざまな教科で洗練された思考者になることを、教師は助けることができるのです。[参考文献68]

以下のヒントが、「理解のための方法」を教えるときに役立つかもしれません。

理解のための方法——テキストを理解するための手助けを生徒が必要としている場合は、教師用の教科書から適切なものを見つけるようにしてください。生徒に基本的な方法を説明すると同時に、あなたの教科で、読み手がその方法をどのように、いつ使っているのかについても示してください。

たとえ大人の読み手が意識しなくても、その方法を使っていることを知ることで生徒は安心します。より多くの生徒がその方法を使えば使うほど、それがより自然なものになることも伝えてください。テニスについて言えば、バックハンドの練習をすればラケットの正しい持ち方を意識的に考えなくてもよくなるなど、関連性のある例を示すとよいでしょう。

方法チャート——新しい「理解のための方法」を紹介するときは、生徒が見ることができる方法チャートを作成し、方法について、自分の言葉でノートに書き込んでもらいます。

実演する——教科書の一節を使って、「理解のための方法」をどのように使うかを生徒に示します。方法の変更を考えられるか、あるいは方法のオウナーシップがもてるように、生徒に名称の変更案があるかどうか尋ねてみてください。たとえば、「質問する」という方法に「立ち止まって、考えて、質問する」という名前を付けるかもしれません。方法の詳細についてテストをしたり、方法の手順を生徒に暗記させたりするといった状態に陥らないようにしてください。**大切なことは、生徒が自らの必要性に応じて使いこなすことです。**

練習する——教科書の一部を使って、生徒に方法を練習してもらいます。彼らがこの活動を本気でやり遂げるように、学習パートナーまたは小グループで練習をするとよいでしょう。

思い出させる——授業の残り時間で生徒がテキストを読むときは、さまざまな方法が役立つ場合があることを指摘し、それらの方法が使いこなせるように十分な時間を提供します。

生徒が「学ぶために読む」(8)ことを助ける

「読む前、読んでいる間、読んだあと」(9)というフレーズは、あなたが教えている教科のテキストを読むように教えるときのよいマントラとなります。新しい概念を導入するとき、生徒は読む準備ができているだけでなく、少し難しいテキストも読めるように、読む前、読んでいる間、そして読んだあとに何ができるのかについて明らかにすることが重要です。

(8) この「学ぶために読む」(次章で扱う「学ぶために書く」という行為も)は、学ぶために極めて有効な方法であるにもかかわらず、長年にわたって日本の学校では軽視され続けています。なぜでしょうか?

(9) マントラとは、賛歌や祈りなど宗教的な意味をもつ短い単語を抽象的に表したサンスクリット語の単語です。日本語では「真言」と漢訳され、密教では、仏や菩薩の「教え」や「誓い」などを秘めている呪文的な語句とされています。

読む前――生徒をテキストに導く

読む前の段階から、生徒たちは好奇心を刺激されながらテキストに導かれていくべきです。導入に関する配慮をせずにテキストを割り当ててしまうと、生徒たちは不満を感じることが多くなり、退屈な読み手にありがちな「ただ授業をやり過ごすだけ」となってしまいます。生徒に教科書を読ませることを考える前に、以下に挙げる方法のなかから一つ以上を試みてください。

・章の全体を見て、テキストの視覚的な部分に焦点を当てて、読む前にその内容に関して好奇心がもてるようにします。全体をざっと読みながら、生徒に質問を出してもらい、それを記録用紙に書き出します（この作業は、生徒にやってもらってもいいでしょう）。学習が進むにつれて、答えが見いだせた項目には印を付けもらい、テキストで答えが見いだせないものは調べるようにします。

・テーマに関連するヤングアダルト小説、絵本、ノンフィクションの記事、あるいは驚くような事実を探して、生徒の興味を引き出すために、その一部または全体を読み聞かせします。(10)

・扱うテーマの紹介に関して、外部の講師に依頼するか、扱う内容に関する簡単な仮想ツアーを準備して、生徒に予備知識が得られるようにします。

・言葉に関連するイラストや写真を見せるなど、新しい方法で重要語彙を紹介します。

・問題解決の観点で生徒にテーマに取り組ませます。彼らには、テキストのなかの情報について調べる委員会において、その問題の解決策を提案しなければならないと伝えます。

・章で使われている「見出し（節）」や「小見出し（項）」を生徒に伝えます。それらの見出しのもとでカバーされると思われる情報について、彼らが知っていると思うことを一つと、知りたいと思うことを一つ書いてもらいます。時間があれば、見出しを小グループの生徒たちに分けて、読みはじめる前にその見出しに関する調査をしてもらい、授業において発見したことを発表してもらいます。

読んでいる間——生徒が能動的な読み手になるのを手助けする

生徒が読んでいる間にあなたができる最善のことは、受動的な読み手よりも能動的な読み手になるように手助けすることです。**表4－1**に示す行動の多くは、学校で熱心に取り組んでいる生徒とそうでない生徒の違いのように見えるかもしれませんが、読み手の視点からこれらの習慣を考えることは重要です。

---

(10) とくに学校や大学などで行う読み聞かせの仕方については、目的に応じた効果的な方法が紹介されている『読み聞かせは魔法！』を参考にしてください。それは当然、就学前の児童対象とは違います。

表4－1　能動的な読み手と受動的な読み手の特徴

能動的な読み手	受動的な読み手
自分は、読む力とテキストを理解する力があると信じている。	しばしば読みはじめる前に、自分のテキスト理解力を疑っている。
自分が分からないときはそれに気づき、助けを求めるか、「理解のための方法」を適切に使うことができる。	自分が分からないことに気づけず、理解できないまま読み続ける。
ペンを持って（おそらく付箋を使って）メモを作成するか、自分のコピーに蛍光ペンを走らせる。	大切な部分に印を付けたり、テキストについて、メモを取るといった具体的な方法が分かっていない。
作者、自分自身、クラスメイト、そして先生に対して質問することができる。	テキストに関連した質問を考えることができず、尋ねられると「質問はない」と答える。
読んだものをまとめることができ、内容について意見をもっている。	しばしば読んでいる間に別のことを考え、論理的な要約をすることができない。内容についても、ほとんど意見を述べることができない。
ほかのテキスト、世界の出来事、そして個人的な経験に関連づけることができる。	読んでいるテキストと別のテキストとの関連性を見いだすことができず、読んでいる内容を、世界の出来事や自らの生活と関連づけることもできない。
次に出てくることについて予測することができる。	次に何が起きるのかについて予測することができない。

テキスト内の情報を、ほかの教科や目的のために使ったり、応用したりすることを含有した目標設定ができる。	読み終えるか、課題を完了させるためだけの目標しか設定できない。
推測をし、作者の目的を理解し、文章に内在するほかの微妙なこと、たとえば調子や偏見が理解できる。	意味を自分のものにしようとせずに字面だけを読み、テキストや教師によって提起された質問に答えようとするだけである。
さまざまなテキストはさまざまな方法で（とくに異なる教科領域では）読めることを知っており、特定のテキストにおいて「理解のための方法」を使いこなすことができる。	すべてのテキストに、まったく同じ方法でアプローチする。

能動的な読み手は、ただ熱中して読んでいるだけではなく、読むことの過程に参加しています。読みの専門家によって対処される必要がある根本的な問題がない場合でも、熱中して読んでいない読み手は、仮にうまく読めたとしても、優れた読み手の習慣を身につけたとは言えません。

「理解のための方法」の研修を受けていない教科の教師が、生徒の読む行動を非公式に評価し、分析するときに**表4－1**は役に立つことでしょう。生徒が読書について少しでもメタ認知ができるようにするために、この表を生徒たちに配布することも検討してください。

教科書に含まれているアクティブな読みの活動を見抜く——教科書のなかで読む活動を探す際、

「目的をもって読む」、「予備知識をしっかり思い出す」、「関連づける」といったカラフルな見出しが紙面を飾っており、一見アクティブな感じがしますが、革新的な「理解のための方法」を装った低レベルの質問であることが多いのでそれらは無視してください。

たとえば、ある教師用の教科書には、各章のあちこちに「生徒に質問する」という言葉ではじまる発問がありました。そこに掲載されているのは、教師がクラス全体に尋ねるための単なる質問です。そして、ご丁寧にも、何十年もの間、標準的な習慣となっている「予想される回答」の例までが掲載されていました。

読むのをやめさせて、内容について生徒に考えさせることは正しい方向への一歩となりますが、出版社が編集上行ったことは、質問を章のうしろから別の場所に移動させただけでした。もし、生徒に能動的な読みと思考に取り組ませたいと思うなら、教師がクラス全体に質問をするという従来のやり方を改める必要があります。対照的に、代数の教科書には「数学について話し合う」と題されたセクションがありますが、この指示は、生徒たちが行ったことやスキルについて互いに話すように促していると言えます。

質問の仕方のモデルを示す――台本形式の質問に答えを求めるのではなく、頭の中に質問を浮かべながら読むように教えます。簡単な活動としては、ある部分を読むように促して、読んでいくなかで、テキストの内容について尋ねてみたい三つの質問を考えてもらうことです。

皮肉なことに、あなたが初めてこれを行うと、これまで生徒たちが答えてきた、教科書に掲載されているものと同じような質問を出してくるかもしれません。その場合は、彼らが本当に知りたがっていることに焦点を当て、創造的な質問になるように促します。

ひょっとすると、答えのない質問が出てくるかもしれません。グループになって互いの質問を共有しあい、どうしても答えを見いだしたい質問に絞り込んで、それを模造紙に書いてもらいます。それを壁に貼り付け、一人ひとりが質問を読みながら答えを考えます。その答えを付箋に書き出して、あとで用紙に貼り付けます。いくつかの質問に答えられなかった場合は、オンラインで調査するか、その質問は「適切でない」と判断します。

読みながら質問をする読み手は、理解している証拠を示しています。彼らは、意味を構築し、答えを見つけ、問題を解決し、そして自分の思考を明確にするプロセスに取り組んでいるのです［参考文献58］。さらに、読みの研究で有名なデビッド・ピアソン（David Pearson）[11]は、「生徒がテキストを読んだあとに尋ねる質問は、テキストについて答えることができる質問よりも優れた評価の指標になる」［参考文献98］と指摘しています。

（11）カリフォルニア大学バークレー校の名誉教授。一四九～一五〇ページで紹介した方法を最初に考え出した人です。その内容の詳細は、『増補版「読む力」はこうしてつける』を参照してください。

生徒たちは、自らの環境を理解するために質問をするという形で幼児期の大部分を過ごしていますが、学校に入学すると質問に答える側に回ってしまいます。とくに高学年になると、生徒に質問の仕方を教え直さなければなりません。**表4-2**には、あなたと生徒が改めて疑問に思うことについて考えるためのヒントがたくさん示されています。

生徒が興味をもてるような、テーマに関連した刺激的な記事を提供し、生徒に質問を出してもらう練習をします。中学校の教師たちは生徒たちによって毎日うんざりさせられていますので、私は彼らにナンキンムシの蔓延についての記事を渡して、グループになって生徒が話し合い、それらの事実について質問をするように促しています。

・五五〇日、ナンキンムシは食料なしで生き続けることができる。
・二〇〇九年、ニューヨーク市でのナンキンムシの感染は四〇八八件あったが、二〇〇四年の感染数は八二件だった。
・シンシナティに住む住民の五人に一人が、今年もナンキンムシを経験した。［参考文献122］

教科書には、質問のスキルを生徒が身につけるために役立つ興味深い情報が書かれたサイドバーも掲載されています。以下に紹介するのは、あなたが生徒に「質問づくり」を身につけさせるために使え、面白くて短い作品が載っている素晴らしい本です。

表4－2　主要教科で意味を深める際に使える質問の仕方

生徒が互いに問える質問

・これを理解できる？
・どうすればこのことが分かるの？
・この言葉／概念／問題／地図が分かる？
・次のステップ／場面／出来事は何？
・これに賛成する？
・～について学んだことを覚えているの？
・これは～にどのように関連しているの？

生徒が作者に対して問える質問

・ここで、あなたは何を言いたいのですか？
・これによって、あなたは何を言いたいのですか？
・なぜ、あなたはここでこのような情報を提示したのですか？
・あなたが以前に述べたことに、これはどのように当てはまるのですか？
・なぜ、あなたはこの特別な言葉／語句／概念を選んだのですか？

生徒が自分自身に問うことのできる質問

・この部分で自分はなぜ混乱しているのか？
・この言葉の意味をどのようにすれば理解できるのか？
・この概念を理解するために、誰に助けを求めたらよいのか？
・この部分／問題／段落を理解するためにもう一度読むべきか？
・今読んだところに同意できるか？
・自分が読んだことを思い出すために、どのように関連づければよいのか？
・この考え方／概念／言葉／ステップは、どのように大切なのか？

教師が自分自身に問うことのできる質問

・もっと練り上げられた答えを引き出すには、どうすればよいか？
・教師と話をするよりも生徒同士で議論をさせるために、どのように働きかけたらよいか？
・意味があり、関連性のある問いに取り組ませるためにはどうすればよいか？
・深い理解なしに、テキストから引き出した答えを生徒がおうむ返しに言わないようにするためにはどうすればよいか？
・生徒の質問を教師の授業にうまく組み入れるためにはどうすればよいか？

・『ヤバい経済学――悪ガキ教授が世の裏側を探検する』［参考文献73］――中・高校生向けで、すべての科目が対象となる。

・『ああ、ヤック！　科学のための百科事典』（未邦訳）［参考文献80］――小・中学生向け。

・『ああ、いいね！　社会科に関する歴史の百科、もっとも風変わりな瞬間』（未邦訳）［参考文献81］――小・中学生向け。

・『魚はいつ眠るのか？　アメリカ人を悩ます一一〇の謎』［参考文献37］――この本の著者は、すべての年齢を対象として同様の本を書いています。

二列ノートのメモの取り方を教える――二列に分けて書き込む方法を使って、生徒が能動的な読み手になるのを助けます。**表4-3**に示す問いのなかから、生徒が興味をもち続け、夢中で読むことに取り組むようになるものを選択して構成します。

テキストに語り掛けることを実演する――以前は小学校で教え、今は高校で国語を教えているクリス・トヴァーニ（Cris Tovani）先生は、「読み手が『テキストに語り掛ける』のを助ける方法」こそが最良の方法であると生徒たちに伝えています［参考文献118］。

生徒たちが積極的にテキストに語りかけているときは、能動的に読んでいるものです。したがって私たちは、彼らにそのテキストに語りかけたり、ほかの人とそのテキストについて話したりするという機会をたくさん提供しなければなりません。書く形でテキストに「語らせる」方法に

表４－３　２列ノートの例

<table>
<tr><td colspan="2">ここにリストアップした問いは、生徒が読んでいることについてどのように考えたらいいのかについて学ぶときの助けとなる発問ですので利用してください。ページの真ん中に縦線を引いて、ページを半分に分けてください。左側の列には、読んだ部分に相応しい発問のいくつかに回答を書くように言ってください。実際に回答を書き出してもらいます。とくに最初の段階では、どの発問に答えてほしいのかについて指定をしたほうがいいかもしれません。右側の列は、左側の回答をさらに詳しく説明したり、用意された問いに答えたりするような問いかけです。表を完成させたあと、小グループでそれぞれの反応を共有するようにします。</td></tr>
<tr><td>何が重要か？</td><td>些細なことは？</td></tr>
<tr><td>作者は何を言っているのか？</td><td>作者の意味するところは？</td></tr>
<tr><td>このセクションの見出しは？</td><td>もっとよい見出しは？</td></tr>
<tr><td>引用すると</td><td>私が考えるに</td></tr>
<tr><td>この章でもっとも重要な文は？</td><td>なぜなら</td></tr>
<tr><td>この段落は？</td><td>このように要約される</td></tr>
<tr><td>大切な概念（考え）は？</td><td>詳細は？</td></tr>
<tr><td>この問題は何を問いかけているのか？</td><td>この問題でもっとも重要な言葉は？</td></tr>
<tr><td>この概念は？</td><td>このように見える（イラストを描く）</td></tr>
<tr><td>主人公が行ったことは（以下に要約する）？</td><td>それは私がしたこと／したことではない。
なぜなら</td></tr>
<tr><td>この出来事は？</td><td>ほかのことよりも大切だ。
なぜなら</td></tr>
<tr><td>こんなことが起きた</td><td>なぜなら</td></tr>
<tr><td>作者はこんな偏見をもっている</td><td>なぜなら</td></tr>
</table>

ついては第5章を参照してください。

テキストへの反応の仕方は、学習パートナーに向かってテキストについて考えていることを具体的に説明してもらう場合と同じぐらい簡単です。その具体例としては、「物語のなかで、登場人物が友だちを無視したのと同じように感じたのはいつ？」とか「なぜ、この本に粒子加速器の写真があると思うか、あなたのパートナーに伝えてください。またそれは、テキストを理解するためにどのように役立っていますか？」などが考えられます。

彼らの話し合いは非常に短くて、一～二分のこともありますが、このような活動は生徒たちに読むことを中断させ、理解を深めるために役立ちます。またそれは、読むことが受動的な活動ではなく、能動的なものであることを教えてくれます。

話し合いの機会を与える——情報について話し合うということが、大人の場合と同じように意味を構築したり、明確にする際に役立つということを私たちは知っています。たとえば、産業革命について学んでいる生徒であれば、工業化の長所と短所がアメリカをどのように形成していったかについて話し合い、クラスメイトと考えを共有する必要があります。

多くの学校では、世界中の生徒と話し合いができるようにするためにビデオ会議を利用しています。フロリダ州のサウス・プランテーション高校では、ムバラク大統領が辞任したときにエジプトの高校生たちとビデオ会議をしました。これによって生徒たちは、この歴史的な出来事について話し合うことができたのです。

「教育者たちは、コ・カリキュラムに役立つコラボレーション[12]は、深く意義のある会話を促進し、教科書では提供されない知識への渇望を補ってくれます。同時に、さまざまな国の人々は、多くの人が想像するよりもはるかに多くの共通点をもっていることも示してくれます」〔参考文献41〕。

残念なことに、あまりにも多くの教室では教師がほとんど話をしており、生徒はそれを聞くだけの場所となっています。言うまでもなく、それは逆であるべきです。

多くの教科書には課題が提示されていますが、断続的な話し合いや詳細な議論の選択肢がほとんどないため（もちろん、ビデオ会議は提案されていません！）、このような問題を悪化させていると言えます。

小学三年生の社会科の教科書に、「それについて話そう（Talk About It）」という素晴らしいセクションがあるのを見つけました。発問のなかには魅力的とは言えないものもありましたが、二五年経った二〇〇九年にチェロキー[13]が部族として結束したことについて生徒たちに考えてもら

（12）学校教育において、正規のカリキュラムと並行して行われる教育活動のことです。主には部活動などを指しますが、選択教科などが含まれることもあります。

（13）アメリカ先住民の一部族です。その語源は、チョクトー族が交易に用いた単語で、「山に住むもの」を意味する「Cha-La-Kee」、またはクリーク族の言葉で「分かり難い言葉を話す人たち」という意味とされています。

うといった、話し合いを促したものもありました。

たとえば、ノースカロライナ州のネイティブアメリカンの生徒とビデオ会議を行い、それに合わせて教師が、「チェロキーの再会を祝う遺産」〔参考文献25〕などといったイベント記事が提供できていたらどうなったでしょうか？　同様に、国語の教科書には、生徒をブッククラブや探究グループに取り組ませる方法について提案しているセクションがありました。生徒同士で学ぶように指示する前に、これらの活動がどのようなものなのかについて教師がモデルで示す時間を取っていれば、かなり理解が深まることになります。

話し合いの利点――二人の研究者がクラスメイトとの対話によって得られる恩恵をリストアップしていますが、そのなかで理解に直接関係するものは以下の四項目となります〔参考文献55〕。

・話し合いは記憶を向上させる。「話し合いをすることで生徒は情報を保持し、あとでそれが取り出しやすくなる」――たとえば、難しい文章題を解く前と解いたと思ったあとに、学習パートナーとその問題について話し合ってもらいます。

・「話し合いは認識を形成する。文学選集を利用した典型的な話し合いでさえ、参加者の認識に大きな影響を与える」――たとえば七年生の理科で、なぜ低カロリーの食事が健康であると考えられているのか、そして、それは実際にどのような食べ物なのかについて話してもらいます。

・「協働作業が理解の幅と深さを増す。会話によって、すべての人が強固な理解を獲得する」――たとえば小学校の社会科で、生徒が開拓時代の歴史を読んだあと、ポニー・エクスプレスの騎手[14]になったつもりで話し合ってもらいます。

・「話し合いは生徒の思考能力を向上させる。生徒が互いの貢献を比較検討することを学ぶにつれて、彼らの判断力は増し、より深く考えるようになる」――たとえば、プロボクサーであったムハンマド・アリ（Muhammad Ali, 1942〜2016）の生活について高校の国語の教科書で読んだあとに、ボクシングのようなスポーツが社会の暴力を助長する、という評論家の意見の妥当性について話し合います。

小グループかペアで話し合う機会を生徒に与える教科書の活動を探して、その活動が教科書の理解を深めることを確認してください。そのような活動が見当たらない場合は、あなたの学習コミュニティー（同僚）の助けを借りてつくってしまいましょう。そして、あなたの授業で実践してみるのです。

（14）アメリカの西部開拓期、郵便物を運ぶために設けられた早馬騎手による一種の飛脚です。

読んだあと——生徒が最良の活動を選択できるようにする

教科書を使ううえでもっとも難しいことの一つが、章の最後に記載されている多くの活動のうち、どれを実際に使うべきかを決めることです。教科書の質問にだけ生徒が答えることは明らかに簡単で、手のかからないことですが、生徒が能動的に学べば、理解が促され、情報をより良く保持することが分かっています。第6章（評価について）を読むと、典型的な教科書の標準化されたテストを組み込むことは、残酷かつ酷い罰であることが分かります。さらにそれは、長期的な理解とエンゲイジメントの観点から言えば逆効果であると考えられます。

五年生の理科の教科書に書かれてある、天然資源の利用に関する典型的な表記を見てみましょう。本文を四ページほど読んだあとに提供されている七つの活動があります。一つ目は簡単なレベルの理解に関する質問（それは、「ペアで協力して、この質問に回答してください」という活動として使用できます）、二つ目は発問の回答を書き出す活動、三つ目は調査活動、そしてもう一つは、テーマに関連する創造的なプロジェクトです。

明らかに、生徒はすべての活動を行うことができないのですが、その教科書は、生徒一人ひとりの違いに応じた課題を用意して取り組めるように配慮しているほか、クラス全体で共有することができるような形となっており、とても時間をかけてつくられていることが分かります。学習内容に対する理解を深めるための課題を生徒に選択させることも、ニーズに基づいて生徒をグル

ープに分けることもできます。(15)

いずれにしても、生徒がこれらの活動の一つだけを行い、クラスメイトと課題を共有しあった場合、そのテーマについて、生徒はどのくらい学ぶことができるのでしょうか（そして、いくつの基準をカバーできるのでしょうか）。少し応用するだけで、天然資源の利用に関して提供されている教科書の活動のいくつかを、生徒にとってより面白くなり、あなたの目標により適合させることができます。教科書に含まれた活動を使用するときは、そのまま行うのではなく、応用することをすべての教師に強くおすすめします。それは、次のような形で可能となります。

・新聞、ブログ、またはウェブサイトで、国がどのようにして自然環境を保護しようとしているかについての記事を書く。
・なぜ、自分が代替燃料を使用する自動車に投資するのか、また投資しないのかについて、保護団体か石油会社宛に手紙を書く。
・海洋生態系を保護するために活動している組織のいくつかを調査する。特定の組織が行っている仕事について、マルチメディアを利用したプレゼンテーションをクラスで行う。
・エタノール、風力、太陽光などの代替燃料をオンラインで検索する。アメリカや他の国々が、

(15) 課題やグループのつくり方に興味のある方は、『教育のプロがすすめる選択する学び』を参照してください。

そのようなエネルギー源を開発している方法をクラスで説明する。
・地域社会の自然環境を人々がどのように保護できるのかについて示すポスターやパンフレットを作成する。
・石油輸入の依存度を減らすために他国がしていることを調査する。それらの方法が成功するかどうかについてディベート形式で提示する。(16)

そして、もし生徒が読めなかったら?

これまでのすべての活動と方法は、一つの重要な問題を回避してきました。もし、生徒が読むことになっているテキストを読めないとき、私たちは何をすればよいのでしょうか?

理解ができていない状態をモニターして、意味を捉え直すために気づける方法をモデルとして見せれば彼らは理解しやすくなります。生徒は、読み直したり、誰かに一緒に読んでもらうように頼んだり、ゆっくり読んだり(あるいは止めたり)、部分的に読み飛ばして意味がはっきりするかどうかを確かめたり、イラストや図表などの説明を利用して読みやすくすることができます。年度初めの数週間、あなたが学習内容を教えるとき、これらの方法をモデルで示すことをおすすめします。

また、あまりにも難しすぎて、誰にも理解できないテキストが存在することを前提にして、読むことに関する自己効力感を向上させることもできます。たとえば、所得税申告書、保険証券、あるいは私にとっては理論物理学者のスティーブン・ホーキング（Stephen William Hawking, 1942～2018）が著した本などがそれに当たります。すべての単語を発音することはできるでしょうが、書かれてあることを深く理解するのにはしばらく時間がかかります。

もし、ホーキングの本に書かれているある章を読んだあとにテストを受けなければならないとしたら、それをはじめる前に、自己効力感が完全に消えてしまうだろうと正直に言います。第1章で説明したように、自己効力感は生徒の学力を向上させるために不可欠なのです。残念ながら、多くの生徒が**図4-1**のようなサイクルを身近に感じてしまうことでしょう。

前述したジョン・ガスリー（四二～四三ページ参照）は、読むことに苦労している読み手に「不完全な読みのレベル」を提供しても彼らのスキルは向上しない、と主張しています。そして、「それは学力差を維持するだけである」［参考文献52］と述べています。

「読めない本からはあまり学べない」という論文もあります。この論文には、この問題について

（16）これらの課題の共通点は、教師か教科書が投げ掛ける問いに単に答えるのではなく、対象を設定した状況で自分が学んだことを統合して、発信することが求められる内容になっていることです。これなら、生徒たちも真剣に取り組むことができるでしょう。

図４－１　読むことに苦労している生徒の「失敗のサイクル」

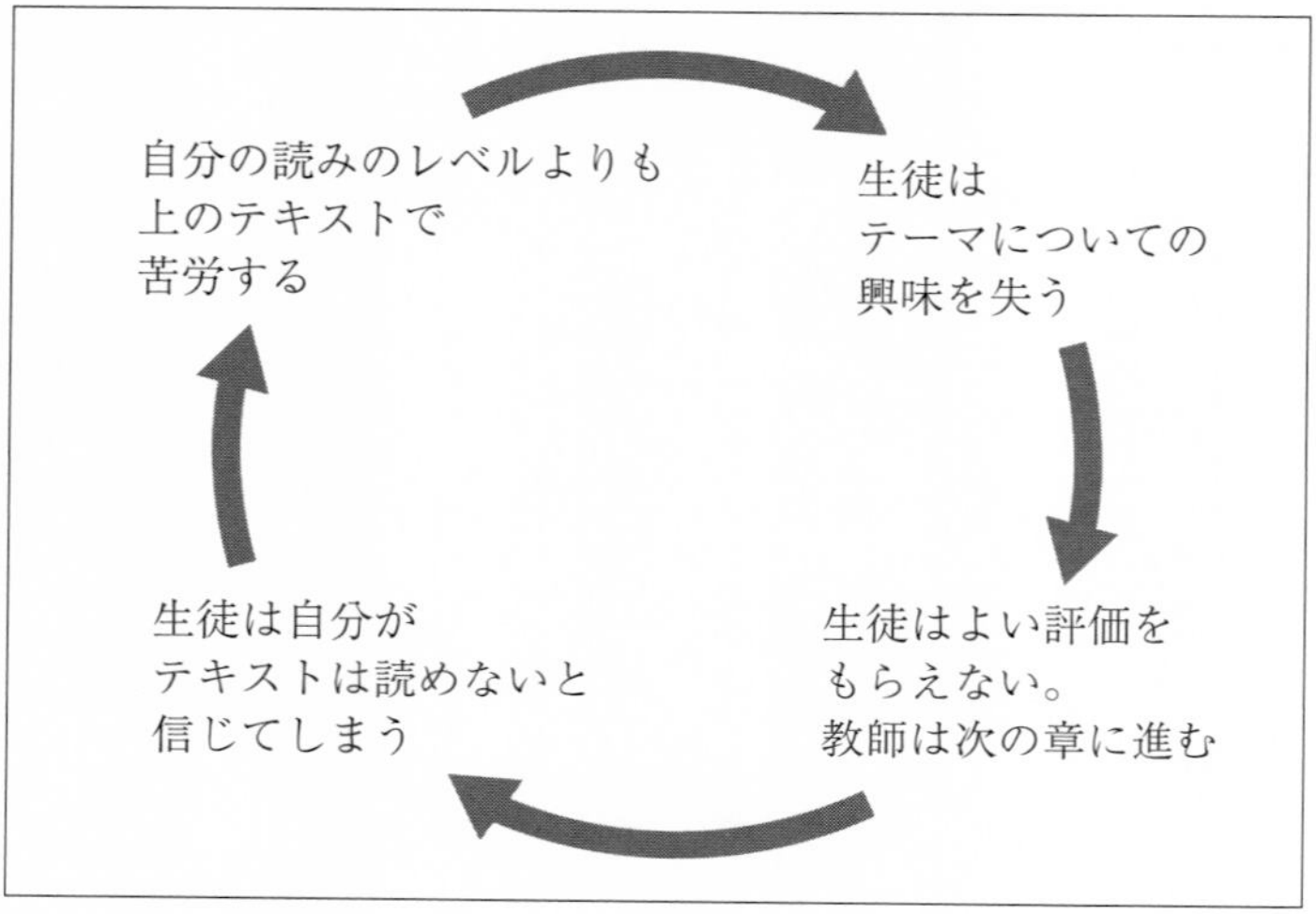
自分の読みのレベルよりも
上のテキストで
苦労する
生徒は
テーマについての
興味を失う
生徒はよい評価を
もらえない。
教師は次の章に進む
生徒は自分が
テキストは読めないと
信じてしまう

次のように書かれています。

「生徒が、実際に読むことができる教科書を必要としていることは明白である」［参考文献2］

生徒は、学年レベルのテキストを読むことができるはずだ、と信じることは理論的には正しいように思えますが、教室に入った最初の日に分かるように、生徒たちの実態に対処する必要があります。読むことができないからといって、生徒たちは考えることができないわけではない、ということも忘れないでください。

あなたが教える教科では、彼らは流暢に読むことができないかもしれませんが、複雑な思考ができる能力をもっているかもしれないのです。読むことが可能なテキストを提供しつつ、話し合いやプロジェクトへの貢献によって得られる理解や価値を「足場」として提供することによって、これらの生徒の理解をサポートすることができます。

一人ひとりに応じたテキスト

各教科の多くの教師にとって、異なるテキストを読む機会を生徒に提供するという考え方は怖いことかもしれません。しかし、それに慣れると、読むことに苦労している生徒の関心と意欲を高めることができます。実際、問題行動を抱えている生徒が、テーマに取り組むだけでなく、熱心に取り組んでいることを報告している教師もいます。加えて彼らは、自分が読めないテキストを読んでいる振りをするのではなく、しっかり読むことによってよい読み手にもなりました。

第7章では、あらゆるレベルの生徒に向けた補足テキストを見つける方法について詳しく説明しますが、文章問題、歴史的文書、そして詩であろうと、すべての生徒が読んでいる教室に変えるためのアイディアをここで示しておきます。

・個別に声を出して読んでもらうこと、文章を読んだあとに基本的な読解力テスト（教師または教科書に記載のもの）、または文章の要約を提供することなどによって生徒の読解力を非公式に評価します。それにより、どの生徒が文章に苦労しているのか、どの生徒が理解するのにもっと時間がかかっているのか、どの生徒が熟達した読み手なのかという貴重な情報が得られます。

・オンラインにアクセスして、生徒たちが読みやすいと思えるテーマについての記事を探します。そのような記事を集める最初の年は大変ですが、すぐにあなたと同僚は、あらゆるテーマについて、多様な生徒の読みレベルの記事をたくさん入手することになるでしょう。結果として得られた生徒の学びが、あなた方の努力の価値を証明してくれます。これは、多様に見いだせる記事がさまざまな読解レベルで書かれている理科および歴史においてとくに効果的と言えます。

・同じテーマについてさまざまな読解レベルで本や資料を集めてもらうように、メディアの専門家（司書）に依頼します（第7章参照）。

・理解を助け、自己効力感を高めるために、生徒がパートナーに読んだり、小グループで読んだりするようにします。これは、オー・ヘンリー（O. Henry, 1862～1910）のような小説家による難しい短編小説を読んでいるときに効果的となります。また、理科における遺伝子コード化のような複雑な概念を理解しようとしているときや、とくに困難となる数学の問題に取り組んでいるときなども同じです。

学ぶために教える

読むことを学ぶのに問題がある生徒を助けるとき、ありがたいことに私たちは、読みを専門とする教師と読みのコーチ(17)に頼ることができます。彼らは、読むことができる文章で生徒に肯定的な経験を提供するほか、教える教科で取り組みがいのある文章を読みこなす方法を示してくれます。決して学びを抑制するのではなく、教科書を使って学びをサポートする方法を見つけるために協力しあえば、私たちの努力をさらに補強することができるのです。

実践コミュニティー 学ぶために読む

この実践コミュニティーは、各教科の読むことに焦点を当てています。教師は自分の研究や実践に従事しながら、学年レベルを超えて教科グループで協力することができます。以下に示すのは、グループで活動するための概要です。

---

(17) 残念ながら、日本には存在しません。その理由は、読むこと(と書くことも!)の大切さがまだ認識されていないからです。

ミーティングでは……

❶あなたが教える教科のテキストを理解するために必要とされる読むスキルを特定すると同時に、ほかの教科で必要とされるスキルとの違いについて話し合う時間をとってください。模造紙にこれらのスキルを書き出し、実践が続くにつれてそれに加えてください。

❷あなたが教える教科で新しい知識を得るための本を選び、ブッククラブ（**訳者コラム**を参照）を行います。教科書の巻末のリストから選ぶといいかもしれません。

次のミーティングの前に……

❸合意された分量を読む。

フォローアップのミーティングでは……

❹ミーティングでは、あなたが読んだところに含まれていた考え方や方法について話し合うと同時に、あなたが教えることになっている教科書の次章をクリティカル(18)に検討してください。以下に挙げるのは話し合いの質問例です。

・生徒が教科書を読むうえでもっとも困難を抱えることは何だと思いますか？
・あなたが読んだものから得た方法、活動、新しい理解にはどのようなものがありますか？

・あなたが教科で得た新しい知識を、教科書はどのように反映させていましたか？　あるいは、反映していないものにはどのようなものがありましたか？

・ブッククラブを通して学んだことで、教科書を使った活動や「理解のための方法」でもっとも効果的だと思ったものは何ですか？

・時間と資源を考慮して、どのような活動が実施可能ですか？

・あなたの生徒の能力、予備知識、カリキュラム、そしてこのテーマ

(18)　単に「批判的に」ではありません。「何が大切で、何は大切ではないか」という観点がより大切です。

訳者コラム

教師のブッククラブ

通常のブッククラブは、メンバーの読みたいものを選んで読み合いますが、ここでのブッククラブは、質問ないしテーマに関連する本を読み、教室での実践を改善するために書かれてある情報を利用します。

たとえば、教師が生徒の違いに対応した指導ができていないと感じた場合、そのテーマに関する『ようこそ、一人ひとりをいかす教室へ』を読みたいと思うかもしれません。各章を読みながら、生徒たちと一緒に提案された活動を試したり、前章に戻って状況を報告したりすることができます。話し合いを適切なものにするために、ビデオ、生徒の作品サンプル、または観察上のメモをブッククラブに持参して紹介しあうこともできます。

ブッククラブの運営の仕方などについては、『改訂増補版　読書がさらに楽しくなるブッククラブ』を参照してください。

に対する教科書のアプローチについて知っていることに基づいて、教科書のどの部分をざっと読むべきですか？　また、飛ばしてもよいのはどの部分ですか？

・すべての生徒の読みのレベルを満たすために、どのような補足資料を提供したらよいでしょうか？

❺教科書またはブッククラブで読んだ本のいずれかから「理解のための方法」か活動を選択し、それを授業で実践するために、どのように活用するか、あるいは修正するかについて話し合います。

クラスでは……

❻生徒が活動に参加している間は読み方やスキルの変化について観察し、メモを取ります。

❼ある単元の終了時には、「理解のための方法」ないし活動が生徒の学習をどのように改善したかについて評価し、記録（メモ）を取ります。

フォローアップのミーティングでは……

❽あなたのメモや経験をほかの参加者と話し合います。メンバーが明らかにしたことに基づいてあなたの実践を修正し、ブッククラブが継続する間、このプロセスを続けてください。

第5章 学ぶために書く

「どの子どもも置き去りにしない（ＮＣＬＢ法[1]）」時代には、主要教科の教師は、指導内容に「書くこと」を取り入れることについてあまり熱心ではありませんでした。当時の焦点は、ほぼ完全に「読むこと」にあったからです。

書くことと読むことは相互的なプロセスであり、一方を排除しては教えられないと、フロリダ州教育庁の職員と熱心に議論したことを覚えています。しかし彼らは、ＮＣＬＢ法に従うことし

（１）ＮＣＬＢ法（No Child Left Behind Act）は、アメリカにおける学力格差是正のために連邦政府の役割を大幅に拡大した、過去に例を見ないほど歴史的な連邦教育法でした。二〇〇二年にブッシュ政権によって施行され、オバマ大統領によって放棄されました。教師を中心に、教育関係者の間ではかなりの悪法として知られています。洋の東西を問わず、政治家の限界を表している典型例と言えます。

か頭にありませんでした。したがって、書くことは棚上げにされてしまいました。そして、先に述べたように教科書会社は、州が望んでいることが含まれていることを確かめてから教科書をつくっていました。つまり、主要教科の教科書にたくさんの読む活動を取り入れて、書く課題は最小限しか入っていなかったのです。

それもすべて過去の話になりました。今は、各州共通基礎スタンダード（Common Core State Standards）[2] が出版社に、「書くことを教育の柱の一つとして取り戻す」ための方法を見つけるようにと、振り出しに戻るかのように明示しています［参考文献18］。

各州共通基礎スタンダードは、物語、説得力のある文章、説明文に焦点を当てながら、あらゆる教科で書くことを強調しています。また、すべての授業で日常的に書くことを求めており、量だけでなく質も強調しています。まるで見向きもされなかった招かれざるゲストのような位置づけから「パーティーの華」へと高められるような変化を書くことに望むなら、教師にはやらなければならないことが山ほど出てきます。

変化を開始するのに最適な出発点は、「学ぶために書く」ことです。それは、あらゆる教科に自然に当てはまるからです。実際、**書くことは、情報を吸収し、読むスキルを強化するための手段であると同時に、ストーリーテリング、振り返り、そして、議論のために最適な方法であると言えます。**過去三〇年間にわたって書くことの効果を研究してきたナショナル・ライティング・

プロジェクト（以下、ＮＷＰ）[3]は、書くことが分析、統合、評価、および解釈などにおける高次の思考スキルを発達させること、および理解するためには書くことが決定的に影響している、と結論づけました［参考文献91］。

また、「ライティング・ネクスト」の報告書[4]は、自分たちの研究成果を提示しつつ、「書くことは生徒の知識を拡大し、深めるための手段であり、教科を学ぶための方法としての役割を果たしている」［参考文献50］と述べています。

書くことで思考力と理解力が向上するのはなぜでしょうか？　おそらく、紙の上に考えを書き出そうともがくことが、学習者の概念理解の助けになっているからでしょう。ＮＷＰは、次のようにも述べています。

「書くことの難しさこそが美徳である。それは、生徒が機械的な学習をしたり、単に情報、事実、

（2）五ページの訳注を参照してください。

（3）（National Writing Project）一九七四年の設立以来、書くことを学校教育で教える先駆的な役割をアメリカで果たしてきました。数年前にこれのイギリス版がスタートしていることからも、そのアプローチの仕方が評価されたと言えます。

（4）Alliance for Excellent Education（卓越した教育のための連合）が、ニューヨーク・カーネギー財団のためにまとめた報告書です。内容は、中高生の書く力の改善に向けた提案となっています。

日付、式を再生したりすることを超えて、学ぶことを必要とするからである。生徒はまた、自分自身の仮説に疑問を投げかける方法を学び、それに代わる、あるいは反対の見方をクリティカル⑤に考えなければならない」〔参考文献91〕

全米著述委員会（The National Commission on Writing、以下ＮＣＷと略す）もこの点を強調しています。

「生徒が知識を自分のものにしたければ、細部にこだわり、事実を理解し、生の情報や漠然と理解された概念をほかの誰かに伝えることができる言葉に置換する必要がある。要するに、生徒が学ぶ場合には、彼らは書く必要があるということだ」〔参考文献91〕

残念ながら、書けば何でも学びに貢献するというわけではありません。書くことによって思考がどのように形成されるのかという研究において、なぜそのような状態にとどまっているのかについて説明している報告もあります。

短く解答する問題は、テキストに含まれているか、それによって暗示されている情報の特定項目に焦点を当てるように生徒を誘導します。このような解答作業をするとき、生徒は教科書や授業のメモから情報を探し、それを解答用紙に直接「書き写し」ます。通常の場合、その情報について見直しが行われることはほとんどありません。〔参考文献69〕

「教科書にある書く活動」対「学ぶために書くこと」

多くの教科書に掲載されている「書く活動」は、学びを促進するようにはつくられていません。国語の教科書にあるいくつかを除いて、「学ぶために書く」ことには注意が向けられていません。教科書の書くための課題を分析したところ、ほとんどが三種類の活動に分類できることが分かりました。

・生徒向けに明確に設定されたテーマについてのパンフレット、ポスター、広告、タイムライン、またはスピーチを作成するなど創造的に書く活動。
・要約、概要、事実や物語の再現など、復習のために書く活動。
・事実を理解するための質問に答えるか、あるいは短い解説文、説明文、要約文を書くことが含まれる、評価として書く活動。

典型的な書くための課題例として、「全地球測位システム（GPS）が人々の生活を向上させ

（5）　一七七ページの訳注を参照してください。

る方法について一段落で書きなさい」、「『見える化用紙』をコピーして、惑星を比較対照しなさい」、「実験結果のレポートを書きなさい」、「これらの本のうち、どの一冊があなたの人生にどのような影響を与えるかについて書きなさい」などが挙げられます。これらは、生徒が情報を理解し、分析し、内面化するのを助ける手段として書くことを使う代わりに、ただ直接的に、生徒に課題の遂行を教科書を通して指示しているだけです。さらに、これらの発問は、プロセス志向ではなくタスク志向である場合がほとんどです。これは重要な違いと言えます。(6)

七年生が使っている社会科の教科書の場合、各章の終わりで生徒はジャーナル活動を完了するように指示されています。本来、それは表現力豊かに書くことを意味するのですが、各発問はまったく同じで、自分が学習したことをまとめることによって理解力を実証するように指示しています。教科書会社は、要約することではなく、書くというプロセスを通して深い理解がより頻繁に得られることについてはまったく分かっていないようです。書くことによって最大限の恩恵を受けるために、生徒は内容について考え、その意味を吟味し、妥当性に疑問をもちます。そのように仲間と共同で作業して、振り返りのときに利用するためのポートフォリオに書いたものを保存する時間が必要となります。

私が五年生の算数教師と仕事をしていたとき、(7)文章題に取り組む授業において、学ぶために書くことを取り入れる方法を見つけたいと思いました。まず、生徒を四人のグループに分けて、テーブルの周りに円形に座らせました。それから私たちは、各グループに異なる難しい文章題を与え、私たちが「ブログ・アラウンド」と呼んでいる紙版に取り組むように指示しました。(8)

生徒が問題を読み、解法を見つける方法について自由に書きはじめたので、教室は完全な沈黙に包まれました。教師が「パス」と言うまで、生徒は自分の考えを四〜五分間書きました。その後、生徒たちは自分の書いた文章を右側の生徒に渡します。それぞれの生徒が友だちの書いたものを読み、そして「パス」という指示があるまでさらに数分間用紙に書き込みました。

このプロセスは、自分が最初に書いたものが戻るまで続きました。それから生徒たちはグループで、クラス全体に自分たちの解法をどのように提示するのかについて話し合いました。すべてのグループが問題を解けたわけではありませんが、問題を理解するうえでは大きな成果を上げています。

(6) 後者の「タスク志向」はパフォーマンスの出来不出来を重視したアプローチであるのに対して、前者の「プロセス志向」は取り組む過程自体に価値を見いだすアプローチとなっています。

(7) 文章題にかぎらず、すべての算数・数学の問題において、問題を解く過程で考えたことをできるだけ書くことが数学的思考を育む核であることが『教科書では学べない数学的思考』を読めば分かります。もちろん、他の教科でも同じです。

(8) 互いのブログに相互にコメントを書き込む代わりに、それを紙面でしているようです。そのため、この名称が使われていると思われます。

興味深い発見がありました、私たちが生徒の用紙を読んだとき、最初のラウンドはほとんどの生徒が文章題を要約しているだけだったのです。「どこからはじめればいいのか分からない」と多くの生徒が書いていました。四人目がコメントを書いているころには、ほとんどの生徒が問題を把握して、取り組みをはじめようとしていました。彼らは、どのように解くかについて表現をしはじめていたのです。

一人で黙って読み、そして問題を解くのに苦労するのではなく、生徒にやりがいのあるテキストを渡して「ブログ・アラウンド」に書いてもらうというこの活動は、さまざまな教科領域に応用することができます。あるいは、内容を理解するためのリソース（教材）として、ほかの教科固有の資料を提供することもできます。

たとえば理科では、各グループに写真や実験室で描いたスケッチを渡し、生徒たちが見たことについて書くように伝えます。その代わりに、実験中のメモ、新しい発見に関するノンフィクションの記事、または生徒が考えるべき仮説を提示することもできます。社会科の生徒であれば、一次資料、写真、歴史的な出来事、または最新のニュースについて書くことができますし、生徒がさまざまなテーマで書くことに慣れている国語の授業では、この実践を共同執筆の形で取り組むことができます。

共同執筆は、一八一ページで前述した「ライティング・ネクスト」［参考文献50］によって推薦

されていた、思春期を対象にした書くことの指導において大切となる提案（一一項目ある）の一つです。(9)

学ぶために書く課題の振り返り

「学ぶために書く」ことは、生徒が何を、どのように学んでいるのかに関する振り返りをジャーナルや交換ジャーナルなどに書くときに起こります。このようなメタ認知的活動は、生徒がどのようにして難しいテキストを理解するようになったのかについて考え、成績のことを考えず、自由に探究したり発見したりすることにつながります。

このように書くことを「考える紙(10)」と呼んでいる研究者もいます。そこには、正しい答えも間違った答えも存在しません。生徒はただ、「その内容のより深い理解に向かって進む」［参考文献69］だけなのです。

六年生の理科の教師が、伝統的な実験レポートの代わりに振り返りを書くように指示したとき、

---

(9) 他の一〇個の提案に興味のある方は、http://pennykittle.net/uploads/images/PDFs/Workshop_Handouts/eleven-elements.pdf で見ることができます。

(10) 原語は「think papers」です。でも、紙にこだわる必要はありません。「考えるスマホ」でも「考えるiPad」でもOKです。

生徒たちが学べていなかったことが分かってとても驚きました。この教師は、生徒が実験室で何が起こったのかについて正確に説明し、発泡剤を利用した気体の発生前後の質量変化の実験をして記録できることは確認しましたが、質量の保存が実験の目的であることについては、彼らは理解していませんでした。

教科書に提供されている表にデータを記録することは得意ですが、実験の目的を書くように言われたとき、生徒たちは「分からない」と言いました。どんな単元や教科でも使える「振り返りシート」の例として、**表5－1**を参照してください。

章全体の要約を求めたり、読むときにメモを取るよう生徒に指示したりするような課題の場合は、表面的な理解しかできない可能性があることを忘れないでください［参考文献69］。「書くことは、事実、詳細、および情報を繰り返し練習して覚えるといった形では決して得られないスキルであり、容易に自分の頭を使うという喜びを提供します。書くことは、知ること以上に発見する行為なのです」［参考文献87］と記された全米著述委員会（ＮＣＷ・一八二ページ参照）の報告を思い起こしてみましょう。

教科書ではなく、教師の重要性を再び確認することができます。なぜなら教師は、書くことの課題と自らが提供する支援というさまざまな方法を通して、生徒の理解を表面的なものにも、深くもすることができるからです。

表5－1　振り返りシート

生徒名＿＿＿＿＿＿＿＿＿＿

あなたの答えは採点に関係ありませんので、できるかぎり正直かつ完全に各質問に答えてください。学習は継続的なプロセスであることを忘れないでください。そして、これはあなた自身を理解することと、私たちが勉強しているテーマについて学び続けることの助けになります。

①この活動、テキスト、実験、単元から何を学びましたか？

②まだ質問がありますか？

③あなたにとって、この課題でもっとも困難だったことは何ですか？ それはなぜですか？

④一番簡単だったことは何ですか？ それはなぜですか？

⑤もう一度課題をやり直すとしたら、何かを変えますか？

⑥課題を終えた今、あなたはどんな新しいアイディアをもっていますか？

⑦このテーマを学ぶことは、あなたの将来に（生徒として、または将来的にあなたのキャリアのなかで）どのように役立つでしょうか？

⑧将来、教師がこの活動をほかの生徒にする場合、あなたはどのようにしたらよいと考えますか？　教師に提案してください。

⑨このテーマに関連して、いつかあなた自身で追究したいと思うことは何ですか？

⑩ほかにコメントはありますか？

書くプロセスを超えて

書くプロセスは、何年も前からほとんどの国語の教科書において定番となってきました。そのプロセスとは、書く前に考えること（目的、題材選び、対象）、下書き、修正、編集／校正です。[11] 主要教科の教師は、生徒たちに同じプロセスに取り組ませることをしばしば奨励されています。実際、書くプロセスのアプローチは「ライティング・ネクスト」（一八一ページ参照）の報告書でも推奨されている要素の一つであり、ライティングに関してNCW（一八二ページ参照）はそれをすることを主張していますし、「各州共通基礎スタンダード」でも取り上げられています。しかし、書くことについての指導は、一つの方法や一つのアプローチに頼っているわけではありませんので、満足のいく、書くための課題を教科書が提供する難しさの理由となっています。

全米国語教育者協議会（The National Council of Teachers of English）の調査報告書には、「とくに現時点では、書くことは複雑で定義が難しい」と書かれています。そして、書くことに関するいくつかの重要なことについて次のように述べています。

「自転車に乗るように、それを一つのスキルとして教えることはできません。今日、新しいメディアが次々と市場に登場しているように、技術の進化に伴って変化します。それは、学習を可能

にすると同時に強化もします。またそれは、多様な形を取っています」[参考文献88]

それらの形は、さまざまな教科内容によって異なって見えます。そのことが、生徒にさまざまな方法で、あらゆる授業において書く機会を多く与えなければならない理由なのです。

作文を教える方法が一つでないように、生徒がそのプロセスに取り組む方法も複数あります。「全米学力調査」[12]の調査で評者は、「効果的な書く課題は、構想、下書き、および修正という型通りの使い方を超えた方法で、作文プロセスへの生徒の取り組みを促進する」と述べています[参考文献91]。

たとえば、ある高校の英語の教科書では、俳優でもあるオプラ・ウィンフリー(Oprah Winfrey)に関するノンフィクション作品について、簡単な要約を書くように指示しています。課題とされていることには、生徒が文章を書くことを助けるための手順が含まれていますが、非常に指示的であるため、生徒は単なる記事の再話[13]をするだけとなります。教師が生徒にそのよう

---

(11)「WW便り、作家のサイクル」を検索すると、このプロセス/サイクルの図が見られます(出版・発表の機会のあるなしは大きいです)。基本的には「読むサイクル」も同じで、読み書きの指導は、これらのサイクルを生徒が自分で回せるようにすることですが、残念ながら日本ではそれがいまだに行われていません。

(12)(National Assessment of Educational Progress and Educational Testing Service)全米の生徒の学力を統一的かつ継続的に調査するために一九六九年に創設された評価の仕組みのことです。

な作品の構想、下書き、修正改訂、編集／校正に取り組ませると、彼らは退屈でうめき声を上げてしまうことでしょう。その結果、おそらく彼らの最初の大まかな下書きとほとんど変わらないものができ上がることになります。

より効果的な文章作成の発問は、生徒にウィンフリィーの人生で起こった出来事の一つを選ばせ、彼女がそれに対してどのように対処したのか、あるいは、なぜそのような困難な幼年期を送ったにもかかわらずスターになったと思うのかについて書かせることです。書くことを通して教科に取り組ませる背景には、決まったやり方をこなす場合とは違って、書かれた言葉を通しての「思考」と「コミュニケーション」があるのです。

効果的な書く課題の構成要素

効果的な書く課題にはいくつかの要素があり、それぞれの課題は教科や単元のテーマによって異なりますが、ＮＷＰ（一八一ページ参照）は、教科書の書く課題を評価したり、新しいものを作成したりするときに役立つ四つの要素を提案しています。それは、①内容とスコープ、(14) ②整理と発展、③対象とコミュニケーション、④夢中で取り組むことと選択です［参考文献91］。以下で説明するのは、教科書の書く課題に関連しているこれらの構成要素です。

①文章の書き換えを超えて

効果的な課題は、生徒に何を読んだのかについて尋ねたり、文章を自分の言葉で言い換えたりすることに留まりません。その代わりに、読んで得たものを書いたり、応用してみたり、自分の文章でその情報を書き換えるように問いかけてください。たとえば、次のとおりです。

・短編小説のなかの登場人物と別の小説のなかの登場人物を、問題への対応方法に基づいて比較する。

・調査対象となっている国の特定地域の気候データを使用して、そこでどの作物がもっとも育ちやすいかについて判断する。

・算数・数学で学んだ式を、現実の世界でどのように利用できるかについて説明する。

効果的な書く課題は、内容を理解するために生徒自身の論理的な思考力、分析スキル、そして個人的なつながりを使うように促します。生徒は、情報を知識に変換するために書くという行為を活用する点ではるかに柔軟になれますし、自立することができるのです。

---

(13) 話の内容を自分の言葉で言うことです。これは、読めているかを確かめる方法としてもっとも頻繁に使われる方法ですが、それ以上のものではありません。

(14) 学習の範囲あるいは領域のことです。

②アイディアを整理し、発展させる方法をモデルで示す

自分のアイディアをどのように体系化し、発展させられるかという情報を生徒に提供することによって、教科書の課題が効果的なものになります。何かについて説明したり、説得したり、話したりするように求めるときは、文章の書き方についての十分な情報を生徒に提供するようにしてください。

書かせるための発問の多くは、生徒にどのように書いてよいのかについて教えていないにもかかわらず、生徒がそのテーマについての書き方を知っていることが前提になっています。たとえば、理科の教科書の指示どおりに、「実験の結果を共有するためのレポートを書く」と求めるのではなく、生徒に次のように投げかけるのです。

実験についての報告を書いてください。あなたのレポートの冒頭に、その問題を含めて、仮説にどのように到達したのかについて説明し、その理由を述べてください。また、どのようにしてデータを収集し、どのような観察をしたかについても説明してください。最後に、どのようにして結論に達したのかについて説明してください。

このような課題を与えて学ぶために書く方法を生徒に示すと、しっかりとした「足場」を提供

したことになります。**常に、教師は最初にモデルを示す必要があり、**生徒の前で、異なった実験についての教師自身のレポートを書くことで、彼らは期待されていることを理解します。

③本物の読者を提供する

実際に読者がいる場合の書く課題では、生徒に本気で取り組ませることになりますし、より良い作品を生み出そうと刺激することにもなります。実際の読者が設定された書く課題は、しばしば学習経験の集大成となります。四年生が使っている理科の教科書では、どのように運動を経験したかについて書くことを生徒に求めています。同じ教科書のなかで、空中に揺れ動く、乗り心地のよいブランコといった魅力的な写真が生徒の興味と動機を高めています［参考文献56］。

フェイスブックに記事と一緒にアップしたり、生徒がフェア（見本市）で楽しんだ乗り物を説明する電子メールを、友人かほかの都市に住む親戚に送信したりするとより効果的になります。また生徒は、乗り物について書き、それを利用できない年少の子どもに伝えることもできます。同じく、国語のクラスの生徒が効果的なスピーチの特性を研究し、分析している場合は、実際にスピーチを書き、それをクラスで発表してもらいます。成績のために書かれたスピーチや教師だけが読むものを提出させてしまうと、生徒が課題の内容に誇りをもつことはありませんし、「成績のためだけに書く症候群」を生み出すことにもなってしまいます。

実際の読者には、クラスメイト、別のクラスまたはほかの学校の生徒、またはこのテーマに興味がある地域の人々などが含まれます。ソーシャル・ネットワーキング・サイトは、教師以外の視聴者との間で書いたことを共有するときに最適となります。友だちのために、ウェブサイト、ポッドキャスト、またはマルチメディア・プレゼンテーションを作成することが生徒は大好きです。ブログ、ウィキ、ツイッター、または自分のフェイスブックページに投稿したいという彼らの傾向を利用して、「本当に」書かせることができます。

フェイスブックと同様に「www.figment.com」のウェブサイトは、中高生の子どもたちが作品を発表する場合に魅力的な方法と言えます。フィラデルフィアのある教師は、このウェブサイトは生徒に最適であると述べ、「自分の作品が、教師だけでなく多くの人によって見られていることを生徒に知らせておくことが重要です。これは、彼らに書くべき真の動機を与えます」［参考文献97］と指摘しています。

「www.zinepal.com」にアクセスして、生徒が印刷可能な pdf または電子ブックが作成できるようにしてあげてください。オンラインツールの「www.storybird.com」は、自分の本をつくろうと思って書いている小学生にとってはとくに有効です。また、自分の書いたものを、編集者または大好きな作者宛の手紙に換えることもできます。さらに、掲示板に貼るために書いたり、リングが三つ付いたバインダーや小冊子に書くことでほかの人も読めるようになりますし、書くことに対する生徒の動機を高めることができます。

④生徒に選択肢を提供する

第1章で述べたように、選択はどんな課題に取り組む場合でも重要な要素となりますが、残念ながら、教科書が選択肢を提供することはめったにありません。国語の教科書を除いて一般的には、規定された方法で書くように短い課題が出されているだけです。現在使用されている四年生の社会科の教科書で、詩を書くか、会話をするか、新聞記事を書くかの選択を生徒に与えている章を見つけました。

教科書に記載されているものに選択肢を追加する場合、注意することが一つあります。生徒に、文章を書くために妥当と思われる数の選択肢を与えてください。多すぎたり、思考や書くことの流れを制限するには少ないと思われる数でもいけません。

ある中学校の国語教師は、研究したり書いたりするためのテーマを自由に選択できるようにして、生徒の動機づけを図っていました。プロジェクトの完了後、生徒たちはその過程を振り返りました。すると、選択肢の多さを方向性の欠如として捉え、生徒たちが不満に思っていたことが分かり、次のグループでは選択肢を少なくするように提案してきたことに教師は驚いていました。

生徒に選択肢を与え、興味をもって取り組んでもらう方法の一つは、自分の考えをジャーナルに書き続けてもらうことです。テーマについて読んだり、話し合ったりするときに、探究、調査、または追究したいと思うことを書き留めてもらうのです。のちに何かを書かなければならないときには、それらが選ぶべきテーマのリストとなります。

書くことにおける重要な部分は、あなたが言いたいことや、それをどのように言うのかについてテーマを見つけることです。教科書のなかで適切な課題を探したり、自分で課題をつくったりする場合は、できるだけ多くの思考機会を生徒に提供するようにして、教科での書くプロセスに精通し、容易に書けるようにしてあげてください。

主要教科で書くためのツール

書くことに使用されるツールは、教科やメディアを超えています。フェイスブックやブログが「学校外」でのやり取りを変容させたように、書くためのツールは生徒の「学校内」のやり取りに対する認識を変えると同時に、より良い（そして流暢な）書き手になることを助けます。生徒は自分のコンピューター上、クラウド上、または紙のノートに文章を作成して保存することができるわけですが、あらゆる教科の学習を促進するのは、この「書く」という行為なのです。

インタラクティブなノート(15)または学習記録

教師は何年にもわたってノートを生徒に付けさせてきましたが、インタラクティブなノートの概念は少し異なります。インタラクティブなノートは、生徒が毎日使うことはもちろんですが、自分の行ったことを記録するだけでなく、実際に紙の上で作業するスペースともなっています。それは、振り返る場、実験する場、そして学習のパートナーたちとアイディアを共有する場なのです。また、学びの具体的な証明と、その謎解きのプロセスを構成する「はじまり」、「中断」、そして「巻き戻し」なども含まれています。

かつてある友人が、「自分の息子は、思春期になってもまだ電車に興味がある」と言っていました。その息子が、電車とその歴史についての記事を並べて、電車について自ら書き、関連した情報を時系列に整理して、電車に関連したイラストで説明しているノートを保存していることに驚嘆したと言います。

また、小さな女の子たちのなかには、馬についてのノートを作成して同様のことをしている子どもがいます。さらに、多くの大人たちがさまざまなテーマでスクラップブックをつくり続けて

(15) インタラクティブには、相互作用的、双方向(性)、対話式などの意味がありますが、どれか一つを取れないのでカタカナのままにします。

います。インタラクティブなノートも、同様の形で使用することができます。生徒がそのノートを「自分のものである」という意識がもてると、学びのためにそれを活用する可能性がはるかに高くなります。

彼らが自分のノートに取り入れるという判断をした知識は、与えられたものよりもはるかに自分のものとなります。ある教師が、このようなツールが生徒にどのように機能しているのかについて説明をしています。

インタラクティブなノートは、新しい学びの前につながりをつくり出したり、生徒自身の考えを修正したり、自分を取り巻いている世界の理解を深めたりするためのツールです。学習した内容（入力）と学習内容に関する振り返り（出力）を示すのは、年間を通して生徒が成し遂げたことの集大成となります。言葉を換えれば、インタラクティブなノートは、生徒が自分の脳の中にあるものを取り出し、それを並べて、意味をつくり出し、それを適用し、共有する空間を提供するということです。(16)［参考文献76］

ミシガン州の中学校の理科教師であるステファニー・アンダーソン先生は、「自分の生徒は、すでに何年もの間インタラクティブなノートを使っている」と言っています。彼女は、各グルー

プの生徒をより対話的に学べるようにするための新しい方法を見つけました。水圧破砕法《すいあつはさいほう》(17)の影響に関する最近の単元において、ノートのなかでその影響をどのように表現するのか、その方法を生徒たちに選択させたのです。その結果、さらにアクティブな学びを実現することになるノートの使い方を生徒たちは学びました。

すぐに彼らは、自分のノートにラップ（歌）、イラスト、漫画、詩を書きました。毎日の授業において、ノートの真ん中に垂直線を引きます。線の左側には、教師またはテキストから提供された情報を書き、右側は、その情報に対して生徒が意味のあるものとして理解したことを記録するスペースです。アンダーソン先生は、「このノートは、生徒が使っているもっとも価値のある学習ツールの一つである」と言い切っています。

インタラクティブなノート（ないし学習記録）は、毎日あらゆる教科の授業で使えますし、書

（16）これは、NHKのBS1スペシャル「ボクの自学ノート～七年間の小さな大冒険～」（二〇一九年五月一日）で紹介された梅田明日佳くんが、小三から中三まで付け続けた「自主学習ノート（自学ノート）」と同じです！　関連記事が http://projectbetterschool.blogspot.com/2019/05/blog-post.html で読めます。

（17）地下の岩体に超高圧の水を注入して亀裂を生じさせる手法です。高温岩体地熱発電やシェールガスの採取に用いられています。

表5－2　ノートに盛り込める多様な可能性

・見える化用紙 ・書くことの課題 ・実験ノート ・読むことや学ぶことについての質問（理解を確認するための短い答えを求めるものではない質問） ・意見、議論、反応、その他の表現豊かな文章 ・ブログ・アラウンド記事を含めたグループで書くプロジェクト ・一次資料の分析 ・語彙リスト（自分で見つけたもの） ・文法規則 ・テーマに関する記事、ブログ、ツイートの概要 ・イラスト、詩、漫画、絵コンテ、写真 ・ファイル・フォルダー ・読んだことがある、または読みたい本のリストと読書記録 ・小グループの話し合いのメモ ・文章題の分析 ・出口チケット、入口チケット、素早く書いたもの ・振り返り文

くことを学習の基本的な部分として統合しています。生徒は教科ごとに異なるノートを持っています。それには、**表5－2**のような教科固有の項目が含まれています。

生徒の振り返りを促すのに役立つ質問のリストについては、もう一度**表5－1**（一八九ページ）を参照してください。あなたの授業に合う形で、毎日または毎週、振り返りを生徒が書くようにしてください。

ジャーナル

ジャーナルは、分析的な書き方ではなく表現力のある書き方を奨励するという点で学習記録やノートとは異なります。二人の生物教師によって行われた実践的な研究（アクション・リサーチ。六六～六七ページ参照）において、彼らはジャーナルの書き方が情報の保持を向上させることを明らかにしました。実験的な生徒のグループは、読み書きのジャーナルを付け、教師以外の読み手に書き、グループ・ライティングに参加することによって、問題を考えるための表現力豊かな書き方をしました。その結果、このような機会を得た生徒は、その統制群よりも資料を理解している、と二人の教師は結論づけました［参考文献91］。

それぞれの生徒が、紙のノートかブログのような電子版の個人ジャーナルを持っていることを確認してください。インターネットにアクセスできる場合は、「http://penzu.com」でプライベートのオンライン・ジャーナルサイトを試すことができます。(18) 毎日、もしくは週に数回、教師または生徒は、調査対象の単元およびコンテンツ、または最近の出来事に関連した発問、さらに自由な質問をすることができます。

このタイプの文章では、生徒は分析、批評、解決、要約することは期待されていません。彼らは単に、発問やコンテンツに対して選択した方法で反応します。たとえば、中学校の理科教師は、

(18)「無料ブログ」で検索すると、「限定公開」というものも含めて、日本語でのサービスがたくさんあります。ブログについては、二二六ページを参照してください。

ミツバチが記録的に大量に死んでいるという短いニュースを読み上げました。それから生徒に、「ミツバチがいない世界がどうなるか」と尋ねました。

何人かの生徒が科学的な立場を取って生態学的な影響について書き、別の生徒がハチミツへの愛について書き、ほかの生徒が「厄介払いができてせいせいしている」と書きました。この生徒は、ハチに刺されることに対してアレルギーがあったのです。

この活動の目的は、何を書くかが大切ではなく、彼らが書くこと自体に意味があるのです。全体のプロセスは一〇分以内とし、テキストを読んで発問について説明するのに五分、そして残りの五分で生徒が書くのです。以下は、国語以外のジャーナルを書くときのヒントです。

❶毎日、同じノートまたはオンラインファイルを使用して一貫性を保つようにしてください。ある教師はジャーナルを教室に保管しており、教室に入るときに生徒がそれを取り出しています。

❷問いは、今扱っているテーマに関連しなくても、教科には関連するようにしてください。

❸生徒は、「はじめ!」と教師が言ったときに書きはじめ、「やめ」と言うまで書き続けます。通常は約五分です。考える時間を取らず、すぐに書かせてください。

❹時間があれば、書いたあとに話し合いをもってください。その際、問いを出した生徒が話し合いの進行役をするとよいでしょう。

❺書いているか否かを表す評価以外、日々のジャーナルには成績をつけないでください。しかし、

国語の場合はすでに書いたものを修正して、成績を出すために提出してもらってもいいかもしれません。

ＲＡＦＴという書く活動

私は、使い古された書く活動はあまり好きではありませんが、ＲＡＦＴ（Role / Audience / Format / Topic）は別です。ＲＡＦＴを使用して、すべての教科で大成功を収めました。ＲＡＦＴの内容は次のようなものです。

役割――書き手の役割は何か？　記者、観察者、目撃者、物、短編小説の登場人物、有名人、数字、記号など、書き手が演じるのは誰か？

読み手――誰がその作品を読むのか？　物語のなかの登場人物、ブログのフォロワー、手紙の受取人（公務員、友人、モノ、または動物）か？

形式――書き手はどのような形で作品を発表するのか？　手紙、スピーチ、ブログ、ツイート（つぶやき）、雑誌記事、ニュースコラム、旅行記事か？

テーマ――生徒は何について書くのか？　たとえば、私は社会科や国語の授業で、ヴェトナム復員軍人記念碑、あるいはヴェトナム戦争全般の背景知識を構築するためにイブ・バンティング（Eve Bunting）の絵本『くろいかべ』（はしもとひろみ訳、新世研、一九九七年）を生徒によく

表5－3　『くろいかべ』用のRAFTで書く活動の例

役割（Role）	読み手（Audience）	形式（Format）	テーマ（Topic）
少年	祖父	手紙	生涯でなくしたもの
父	ヴェトナム戦争退役軍人	ブログ	息子との経験
祖母	彼女自身	ジャーナル	夫を失った悲しみの大きさ
壁	ヴェトナム戦争で亡くなったすべての人	新聞のコラム	名前を残し続けることの意味

表5－4　RAFTを使って教科で書く活動をする際の例

主要教科	役割	読み手	形式	テーマ
理科	プレート	大陸の質量	手紙	あなたの将来を予測することができます
数学	変数	方程式	歌、詩	それなしには生活できません
社会	ウォール街を占拠せよ	マーティン・ルーサー・キング・ジュニア	ブログ	非暴力による反対運動のためのヒント
英語（国語）	コンマ（読点）	生徒	リスト	あなたが私について知らなければならないことがあります

読んでいます。この絵本には、父親と一緒に墓碑に行って、祖父の名前を見つける小さな男の子が体験する辛い話が書かれています。

読み終わったら、**表5-3**からＲＡＦＴで書く活動を選択するか、自分で活動を考え出すように求めます。必然的にこの経験は、とくにヴェトナム戦争の感情的な犠牲と、一般的なあらゆる戦争に対する生徒の理解を深めることになります。一方、**表5-4**は、各教科でＲＡＦＴによって書く活動の例を示しています。あなたが教えている教科の活動リストを作成するために、同僚と協力してアイディアを出し合ってください。

メンター・テキスト

主張を明確にしたり、対話形式を使ったり、感動的に書いたりするなど、国語でするような書き方の工夫を教えることは、国語以外を担当している教師の役割ではありません。しかし教師には、教えている教科において、熟達した文章ではどのように表現されるかについて生徒に示す義務があります。

リズムを取り入れた詩を書くことや、メタファーを使ってアイディアを明確にする方法を理解することは、数学で三角形の違いを説明することや、理科で観察について書くこと、または社会において歴史的説明を解釈することとは大きく異なります。生徒は、さまざまな分野の専門家や学者が、コミュニケーションの手段として、または仕事の原則やプロセスについて理解を深めるための手段として、書くことをどのように利用しているのかについて学ぶ必要があります。

これがどのように行われているかを生徒が理解できるようにする最善の方法は、「メンター・テキスト」として知られているものを提供することです。メンター・テキストとは、すべての分野に存在する記事、本、およびその他のテキストのことで、生徒が書くときのモデルとして読み、分析することができます。教師は教科書から離れて、教えている教科に関するよい内容の文章を見つける必要があるのです。ある研究者が次のように指摘しています。

> 教科書自体は、その教科のなかで書くことと考えることを示す極めて貧弱なモデルでしかありません。それらの教科書は、科学的または歴史的探究の興奮を伝えるよりも、科学的または歴史的な情報への参照ガイドでしかありません。退屈で、教科の専門分野にかかわるような組織化された概念はほとんど意味がありません。［参考文献69］

一例として、雑誌〈サイエンス・イラストレイテッド（Science Illustrated）〉の記事、「ある火山はほかの火山より危険か？」を見てみましょう。この記事を生徒に紹介する場合、魅力的なタイトルであることをまず指摘します。というのも、質問形式になっていることが読者の興味を惹くのに役立っているからです。この記事の書き出しは次のようになっています。

明白なことですが、近くに住む人がいる場合にかぎり、火山は危険です。南極大陸のエレバス山(19)は一九七二年以来絶えず噴火していますが、南極大陸は人が住んでいないので無害です。それ以外の所では、かなり広範囲に爆発的な噴火が発生した場合、火山は常に危険なものとなります。［参考文献112］

私は生徒に、書き出しの「明白なことですが」にどのように反応したかと尋ねます。また、南極大陸のエレバス山という具体例を使用することで冒頭の言葉が裏付けられ、さらに興味が高まることにも注目させます。

対照的に、同じテーマについて中学校の理科の教科書を見ると、「火山」というタイトルの見出しだけしか見つけられませんでした。そして、「序論」には次のように書かれていました。

(19) 標高三七九四メートル。地球上でもっとも南に位置する火山です。

「あなたが火山噴火について考えるとき、大きな爆発を考えるかもしれません。しかし、火山は非爆発的な噴火も引き起こしています。火山の噴火から放出される塵、灰、溶岩、ガスは、気候や生物に影響を与える可能性があります」［参考文献82］

このようなぎくしゃくした段落は、「見せる」代わりに「伝えている」だけですが、ほとんどの教科書がこのような書き方になっています。

プロの書き手によるメンター・テキスト

さまざまな分野の有名な雑誌では、模範とされる書き手を採用しています。エール大学卒で、外交問題のブログ「グローバル・スピン（Global Spin）」の編集者兼記者であるイシャーン・タルール（Ishaan Tharoor）氏が書いた雑誌〈タイム〉の記事を見てください。彼は、アジアの地政学について幅広い記事を書いています。以下に紹介するのは、朝鮮民主主義人民共和国の労働党が開いた祝賀会に関する記事の一部です。

「一〇月一〇日、北朝鮮は労働党支配六五周年と次期指導者に指名された金正恩《キム・ジョンウン》を祝う。平壌《ピョンヤン》の街において足を高く上げて行進する兵士たちとともに」［参考文献117］

添付されている写真は、兵士たちを説明するための完璧な形容詞である「足を高く上げる」の意味について、ほとんど疑いをもつ必要がないことを示しています。記事を締めくくるために彼は、創造的にジョージ・オーウェル（George Orwell, 1903～1950）の言葉を引用しています。「ある点を超えて、一般の人々が軍隊を歓迎する国でのみ軍事的な誇示が可能です」

このメンター・テキストから（それも一つのフレーズ「足を高く上げる」を使って）、高校生は事実を組み入れながらも、創造的なやり方でエッセイを書く方法を学ぶのです。彼らはまた、優れた書き手が引用を使うことでエッセイをどのように終わらせているかについても学ぶことができます。

メンター・テキストは、オンライン、フィクションとノンフィクション、そして〈ディスカバリー〉、〈ネイチャー〉、〈ナショナル・ジオグラフィック〉、〈スミソニアン〉、〈タイム〉、〈ニューズウィーク〉などといった特定分野の雑誌で見つけることができます。これらの雑誌の多くには、〈タイム・フォー・キッズ（Time for Kids）〉などの子ども向けのものもあります。よい文章が書かれている記事を生徒に与えることは、彼らがより良い書き手になることをサポートすると同時に、あなたが扱いたい教科のテーマについても新しい情報を提供することになります。

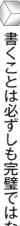

書くことは必ずしも完璧ではない

生徒がしてしまうすべての間違いを指摘できないのではないかと恐れて、書く課題をあまり出さないという歴史教師の言い分に、多くの教師が共感するかもしれません。本で使われているすべての文法規則を知らない国語教師もいますし、前置詞句を識別できない数学教師や社会科教師もいます。また、断片的なものが文章だと考えて、多くの実験ノートを書いている理科教師もいます。これが、教科における書くことの実態です。

一部の教育者は、学ぶことを犠牲にして、学校全体の書くことの指導計画を作成するうえで、「正確さを重視する」という罠に陥ります。[20] 国語を含むすべての教科において書くことは、文法ではなく、テーマや結びの文章を含む完璧な段落でもなく、絶対的な確実性でもなく、すべて内容に関するものとなります。ほとんどの教育者が文法的に正しい文章の考え方を支持したいと思っていますが、もっとも重要な目標は、思考の道具として生徒が文章を書くという行為を学ぶことです。

「全米著述委員会（ＮＣＷ）」（一八二ページ参照）が指摘するように、「書くことは、文法と句読法の習得をはるかに超えたものです。文章を図式化する能力は、よい書き手になることにつながりません。一片の散文をつくり出すことができないにもかかわらず、スピーチに書かれたほとんどの言葉を理解する生徒がたくさんいます」［参考文献87］。

書くことは学ぶことであり、誤りのないところに学びが起こることはめったにありません。正式な論文の原稿を書く場合、通常であればある時点で、生徒は標準的な文法と句読法を使用することが期待されますが、最初は文章の制約から自由になって、アイディアや概念に思考をめぐらせるために書く必要があります。

学ぶために書くことは、公式に基づいて書くこと、五段落のエッセイを書くこと、または真新しい論文を書くことも意味しません。

前述した研究者ランガー（一五一ページ参照）が警告しているように、「もし、書くことが国語以外の教科で意味のある役割を果たすならば、それらの教科を教える教師は、自分の教科に特有の、書くことに関する考え方をもつ必要があるでしょう。その際、国語教師の仕事を促進したり、楽にする形で行う必要はありません」［参考文献69］。

フィードバックを提供する

国語以外の教師が文法について生徒の論文を採点する必要がない場合、どうすれば効果的に書くことについて生徒を助けることができるでしょうか？　もし、あなたの役割が担当する教科で学ぶことを助けるものであり、書くことがそれを実現する手段であるならば、書くことを新しい

(20)　日本の場合は、この過ちの発信元として、学習指導要領とテスト重視のために教科書を使わなければならないという理由が挙げられます。学習指導要領の「教科の目標」に「正確さ」という言葉が使われているからです。

視点で見られるようになります。

生徒がさまざまな内容に自らアクセスできる「読み手」になることを望むように、彼らが自立した「書き手」になることをあなたは望むはずです。生徒たちが、考えを深め、整理し、自分が言いたいことを効果的に伝えられるように、コーチ役として、あなた自身のことを考えてみてください。そのために行うことは、生徒のレポートやノートを読み、以下のような形でフィードバックを提供することです。

・あなたはほとんどできています！……を試してみてはどう？
・あなたのここでの考え方が好きです。……については考えましたか？
・次はどうなると思いますか？
・この考えは分かりにくいです。さらに説明してもらえますか？
・はい！　そのとおりです！　いい考えです！
・もし……なら、どうなるか考えてみてください。
・議論の……側面を忘れてしまいましたか？

書いたすべてのものについて採点をする必要がないのと同じく、生徒が書いたすべてのものに反応する必要はありません。実際、練習する時間さえ提供すれば、クラスメイトが書いたものに対する反応の仕方を生徒は学びます。それによって、あなたの負担を軽減することもできます。

このようなクリティカルな読み方とクラスメイトが書いたものにコメントすることは、何がうまくいくのか（そして、何がうまくいかないのか）を学ぶために確実な方法となります。毎日の成績を残さなければならない場合は、それぞれの文章に成績をつけるのではなく、「完成したか否かのみを記録する方法[21]を検討してください。

ディジタル・ライティング

学校がディジタル教科書を採用し、生徒がディジタル・コミュニケーションに精通していることに対応して、学校の学びもディジタル・ライティングに対応するべきです。たとえば、多くの高校の国語や社会科の教師は、伝統的な研究レポートをブログ、ツイッター（つぶやき）、およびマルチメディア・プレゼンテーションなどといった新しい媒体に置き換えることについて、全米規模となる議論に入っています。

スタンフォード大学のある英語（日本なら国語）教授は、マルチメディアツールが教室に入る

(21)　この「完成」も暫定的なもので、本人が修正・改善したければいつでも可能です（二五六ページ参照）。

につれて生徒の書く能力と情熱がどのように変化するかについて研究し、生徒がそのような媒体を使用すると、実際に「やりがいがあり、価値のあるもの」を生み出していると結論づけました。それに対して、従来の「学期末にレポートを書かせることは、彼らにあたかも成績のためだけにそうするように、と感じさせている」[参考文献103]と指摘しています。

テクノロジーを書くことの指導に取り入れはじめると、生徒のエンゲイジメント（取り組み）のレベル、協働性の向上、および内容理解の促進などにおいて大きな利点が見られます。

ブログ

ブログは、あらゆるクラスのオンライン上の（対面式ではない）公開のやり取り／話し合いを可能にするために使用できるコメントやリンク機能をもった媒体です。この分野の先駆者の一人であるトロイ・ヒックス（Troy Hicks）が述べているように、「目標は、生徒が自分のブログを作成し、自分の考えを他人の考えに結び付けることです」[参考文献59]。

ヒックスは、生徒がEdublogs（www.edublogs.org）やClass Blogmeister（www.classblogmeister.com）などの無料サービスを使うか、Ning（www.ning.com）を通じてブログを組み込んだソーシャルネットワークを形成することをすすめています。

ブログの利点は、生徒が他人のブログを読んで返信できることです。したがって、アイディアをまとめたり、コミュニケーションのためのツールとして文章を使用したりするのに役立つ、オンラインの話し合いをすることができます。豊かな内容と相まって、ブログは生徒と教師の協働作業の可能性も高めます。

たとえば、八年生の国語教師は社会科教師とホロコーストの単元で協働しています。それぞれの生徒には、それが起こった期間に生きていた実際の人物が割り当てられます。その期間について生徒が学習するとき、彼らはあたかも自分が割り当てられた人物であるかのようにしてブログを作成し、その経験について書くことになります。単元が進行するにつれて、ほかの生徒のブログに反応したり、自分が担当する人物が住んでいた国についての情報源に関するハイパーリンク(22)の仕方を学んだりします。

ブログには、このような恐ろしい時代の歴史について、ありきたりの教科書の説明をはるかに超える、対話型の学びをもたらす可能性があるのです。生徒相互による修正作業を教えるのに完璧なツールなので、国語の教師はとくにブログに魅了されています。紙やペンで書くのと同じように個人的に書くことができ、その後、友だちからのフィードバックを得るために自分の作品をブログの公開部分に投稿することができます。これについてヒックスは次のように述べています。

(22) クリックすると関連ページに移動できるようにリンクを付けることです。

「自分の文章をどのように投稿し、お互いにコメントしあってほしいという反応の仕方をモデルで示すことは、伝統的な紙の上で行う練習と同じく、文章を共有することに対する不安を軽減するのに役立ちます」(23)［参考文献59］

ウィキ

ウィキは情報を共有することに特化したウェブサイトであるため、少人数のグループやクラス全体を対象とした場合は優れたツールと言えます。そのなかには、ディスカッション・フォーラムも含まれています。

ウィキのもっともよい例は「ウィキペディア」です。これについては、間違いなく生徒も知っています。絶えず内容が更新され続け、これが完成形というものがなく、自分のウィキがどのように見え、どのようにプロジェクトが発展するのかについて生徒に示すときのモデルとして使えます。

五年生の社会科教師は、州の課題をするためにユビキタスなウィキ(24)を作成しました。生徒たちは、調査対象の州を自分で選びました。伝統的な、視覚的な媒体を伴った口頭発表の代わりに、彼ら自身の調査結果をウィキに投稿しました。前述した「ライティング・ネクスト」報告書［参考文献50］（一八一ページ参照）でも推奨されているように、ウィキは共同執筆を奨励していますので、オリジナルなレポートに自分が知っていたことが書かれていないことを見つけたとき、互いのレポートを修正しあうことができました。

生徒がウィキを使いはじめる前に、利用者に優しいウィキスペース（www.wikispaces.com）を見ると同時に、「ウィキプロジェクト」（ＱＲコード参照）の教師用のヒントを必ず読んでください。

Google ドキュメント

とくに国語の授業では、書くときにGoogle ドキュメント（https://www.google.com/intl/ja_jp/docs/about/）を使用することを検討してください。Google ドキュメントは無料のインターネットサイトで、多くの人になじみのある文書作成プログラムを使用しており、生徒が表計算、フォーム、およびプレゼンテーションの作成が可能になる便利なツールを提供しています。

これを使う利点は、どのコンピューターからもドキュメントを開いたり、修正したりして、共有しあえることです。さらに、このツールは教師がさまざまな形でフィードバックを提供することを容易にしますし、生徒相互で修正しあうことも簡単に行うことができます。

---

(23) しかし、最大のメリットは、これを生徒がする時間です。授業中に制限されなくなるので、いつでも、どこでも書き込みやフィードバックが可能になります！

(24) コンピューター・ネットワークなどのＩＣＴを利用して、いつでも簡単に必要な情報が得られる状態です。

書くことの教科教師になる

書くことに関してトレーニングを受けていない教師にとっては、各州共通基礎スタンダード（ＣＣＳＳ）にある書く項目において、高い要求を満たすことがかなり難しいでしょう。自分が教えている教科において、書くことを教えるだけのスキルをもっていないと感じたとしても、あるいは自分自身を優れた書き手であると思っていなくても、書くことを教える優れた教師にはなれます。初めの一歩は、多様な形で、たくさんの書く機会を生徒に提供することです。

表５－５は、書くことを学びの出発点として捉える教師としての役割を振り返る際に使えます。あなたの教科において、生徒が素晴らしい書き手になるためにどのようなサポートができるのかについて考えるときに役立ててください。

書くこと――学習のための貴重な道具

先に記した「全米著述委員会（ＮＣＷ）」（一八二ページ参照）は次のように述べています。「書くという価値あるツールは、学校の教師の手に戻されるべきです。書くことは、生徒が人生

表5－5　主要教科の授業で書き手をどのように育てるか

- 毎日、生徒に書く機会を提供します。
- 要約するのではなく、生徒に分析させるようにします。
- 生徒に振り返りの機会と、書くことを通した発見と、探究の複雑な過程を体験するために十分な時間を提供します。
- 教科の専門家がどのように書いているかのモデルを示します。
- ノートを取ることを強調せず、分析的に書くことや深く考えることを促します。
- 生徒が書くときに協働することを奨励します。
- 生徒に書くものの選択を提供します。
- 実際に存在する読み手に向けて書くようにします。
- 協働して書くために、ディジタルのツールを使用します。
- 文章を正しく書くことよりも、内容を強調します。
- 評価者としてよりも、リラックスして、サポーターとしての役割を楽しむようにします。

のある時点で役立つと思うかもしれない任意の才能であるという理由で大切なわけではありません。書くこと（そして、それが反映し、発展させる概念的なスキル）は、すべての生徒に役立つ新しい強力な学習手段となるからです」［参考文献87］

主要教科の教師は、この優れた学びのツールを活用して、教科書を読むときに避けることのできない概念を、生徒が深く理解できるようにすることができます。毎日の授業で数分書くだけでも、残りの人生において必要に応じて学び続けようとするとき、計り知れないほどのサポートとなるスキルをあなたは提供することになります。

実践コミュニティー　学ぶために書く

この実践コミュニティーでは、あなたは「学ぶために書く」レッスンを作成し、実際に教え、そして評価する際にお互いをサポートしあうことになります。以下は、グループで活動するための概要です。

ミーティングでは……

❶主要教科チームにおいて、異なる学年レベルの教師が異なる単元を教える場合でも、あなたが教える予定となっている章または単元について話し合います。

❷テーマに基づいて、少なくとも一つの、「学ぶために書く」課題を互いに協力しあいながらつくります。

❸課題について数分間書いて、ブレインストーミングをします。たとえば、なぜこの特定の課題が生徒の学習に役立つのか、この課題を通して生徒に期待していることは何か、そして、あなたはこの課題をどのように紹介し、それをどのように観察するのかを明らかにします。あなた自身が書き手になる努力をしているなら、生徒が書くときにサポートをすることができるでしょう。

クラスでは……

❹それぞれの教師は、少なくとも一つのクラスで書く課題の授業を行います。可能であれば、授業中に部屋にいることができる同僚にプロセスを観察してもらい、生徒とも話してもらいます。両方のメンバーが、次の❺で指摘されている点について観察し、メモを取る必要があります。

フォローアップのミーティングでは……

❺次回のミーティングで、課題について順番に話し合います。
・生徒は課題にどのような反応をしたのか？
・学習するテーマに対する生徒の理解や困難から、あなたは何を学んだのか？
・課題を修正するとしたら、グループのメンバーはどのような提案があるか？
・課題を採点するのではなく、それに反応することについてあなたはどのように感じたか？
・各メンバーは、生徒が書いたものを少なくとも一枚は読み、その作品に関して、書いた生徒にどのように反応するのかを尋ねる。

❻次の章または単元のために、協力しあいながら「学ぶために書く」課題を考えます。

❼時間があれば、あなたが教える教科の生徒たちが何年生であっても、どのようにすればイ

ンタラクティブなノート／学習記録、またはジャーナルを使うことができるかについて話し合ってください。次のミーティングでは、これらのツールを教科のレッスンに取り入れるための計画を立てるまでグループのメンバーがメモを取り、もう一度テーマに取り組んでください。

---

❽あなたのチームのメンバーが「学ぶために書く」ということについてあまり積極的でない場合、書くことに関する本(25)を選んで読みはじめてください。その際、一人ひとりがバラバラに読むよりはブッククラブで協力しあいながら読むと、「読み」が一層深まるだけでなく広がります（一七七ページの**訳者コラム**を参照ください）。

---

(25)　ここで、主要教科に関して具体的に取り上げている本が五冊紹介されていますが、日本語訳がありませんので、三三〇ページの「ブッククラブ用のおすすめの本」で紹介することにしました。

第6章
学ぶための評価

私が最初に教えはじめたときの評価方法は、テストを行って成績を付け、生徒と一緒に確認して、それが終わると次のテーマに移っていました。しかし今は、形成的、総括的、標準化、パフォーマンス、スタンダードに基づいた評価など、さまざまな言葉を使う形で評価について詳しく考えるようになっています。また、それに関連したたくさんの語彙もあります。たとえば、熟達度、ＡＹＰ[1]、ルーブリック、ハイステイクス[2]などです。そのほか、教え方を改めさせる評価や、

（1）（Adequate Yearly Progress）学校ごとの、州統一テスト成績目標を中心とした教育改善指標のことです。ＡＹＰに二年連続失敗すると、その学校は改善の必要があるとされ、新しいカリキュラムを作成して実行するなどの行政的な措置が取られます。

（2）生徒の進学や将来を決定しかねない学力テストや入学テストなどのことを指します。

生徒の将来を決定する評価、気になって夜中に目覚めてしまう評価などもあります。評価に関する学習会は、こうした評価の多様な捉え方や言葉、そして語彙の相談会になりかねません。

残念なことに、教科書が私たちをもっともがっかりさせていることは、ほかのどの分野と比較しても評価に関することが多いことです。教科書のなかには、たくさんの評価活動がついています。実際、教科書の大部分には章ごとに評価のセクションが設けられていますし、別の小冊子またはCDに入った評価を付けているものさえあります。しかし、高い成果を上げている学校の教師たちの代わりに教科書の評価が機能することはほとんどありません。それらの教師たちは、生徒のことと学習課題についてよく知っているのでよい評価ができるのです。

ハモンド（一二三ページ参照）による「成功した学校」での評価説明と、標準化された試験対策のための多肢選択式あるいは短答式で、効果的とは思えない教科書の評価を比較してみてください。

ほとんどの課題では、研究レポートやプロジェクトの作成、実演や議論、実験、そして正解が一つではない質問に答えるためのデータ収集が必要です。ワークシートや空白を埋めるような作業は稀《まれ》と言えます。広範囲にわたる読み書きはすべての主要教科で期待されています。多くのクラスで学期末のプロジェクトを課しており、たくさんの読み書きが含まれているだけでなく、口頭発表やその内容の擁護（質疑応答）が含まれています。［参考文献27］

多くの教科書会社では、より意味のある評価になるように努力しています。たとえば、小学校五年生の社会科の教科書には次のような発問が表示されています。

「ヨーロッパの一つの国を選び、あなたがそこに住んでいると仮定してください。アメリカに住む友人宛に、自分の国をなぜ訪れるのがよいかについて、その理由とともに手紙の形で書いてください」

このような問いかけは穴埋め式の評価よりは改善されたものとなっていますが、効果を上げるという点ではほど遠いものと言えます。問題となるのは、教科書の評価がどこでも使える問いとなっており、変更することが想定されておらず、しかも、どこに住んでいようとすべての生徒に割り当てられる課題になっていることです。教科書ではなく、教師こそが生徒の学習内容の理解度を把握しており、真の意味において、評価するための能力を唯一もっている存在なのです。

テストのために教える――どこにでもある、テストの準備に失敗した実践

ここでは、アメリカの多くの標準化されたテストの点数が、生徒、教師、および学校のランク付けや分類、そしてペナルティーを科すために使用されている問題点について不満を述べることはしませんが、そのようなアプローチの仕方は、高い成果を上げている国々の評価の使い方とは

正反対であることだけは指摘しておきます。

たとえば、フィンランドでは、生徒を習熟度で分けるために行われていた全国規模のテストシステムは廃止され、評価は「問題解決、創造性、自立的な学びおよび生徒の振り返り」に焦点を当てるようになりました［参考文献27］。このように、優秀な成果を上げている国々は、教師によって開発され採点される研究プロジェクト、探究、その他の知的で挑戦的な課題をより多く使うようになっています。

個々の学校や教育委員会では、州や連邦政府によって義務づけられているテストの混乱を収めることはできませんが、アプローチの仕方次第ではよい使い方が可能となります。つまり、テストための準備を、指導改善のための評価の代用にすることをしないということです。

テストに備えたカリキュラムを作成することの問題点は、テストされる課題のみにカリキュラムを絞り込むことを含めて数多く知られていますが、テスト準備のために資料の購入を拒否するもっとも重要な理由が二つあります。

①テストのために教えることは、教えることと学ぶことの両方にマイナスの効果をもたらす。

ワークシート、ドリル、模擬テスト、および内容を理解するのではなく、事実を記憶するためのテクニックを提供する教師が増えれば増えるほど、生徒が高次の思考スキルを使う機会が減ります［参考文献120］。実際、内容を理解せずに、質問に対する答えを見つけて正答を書くためにテキストを流し読みするのが上手くなるということを示した研究があります［参考文献92］。

自分自身の学習に対してオウナーシップをもたない生徒にこのやり方を使い続ければ、気づかないうちに、誰もが望んでいないカリキュラムをこなすだけの状態になってしまいます。

②標準化されたテストの点数のみを改善することと、それに付随する競争、不安、およびマニュアル的な指導に焦点を当てることは、学校全体のまとまりにとって害となる。

個々の教師にとっても有害なことであるため、多くの教師が諦めて教職を離れています。そのような雰囲気は、教師に無力感を与え、やる気をなくさせてしまいます。規範的なプログラムを使用している教育委員会で教えており、受賞歴のある中学校の先生が私に次のように語ってくれました。(3)

「すべてはテストの点数です。かつて、私は教えることを楽しんでいましたし、生徒たちは学校に来るのを楽しみにしていました。彼らは読んだり、書いたり、プロジェクトをしたりすることが好きでした。それが今、教育委員会は革新的な教育をやりたいと言いつつ、テストの点数を上

(3) 日本流に言えば、「指導書ないし指導案通りに教科書をカバーすることを教師に強要している」となります。

げるためのプログラムに従うことを求めてきますので、コンクリートの枠組みに入れられているような感じがします」

私が訪問する多くの教育委員会で流行していることですが、規範的なプログラムに従うことは学校制度や州教育庁の目標にとっては逆効果となります。確かに、彼らが望んでいるのは生徒の学力向上ですが、一方的にテストの得点に焦点を当てることは、教師が教えることと学ぶことを改善する目的で行う評価について、協働して行うという取り組みを妨げることになります。実際、教師の低い有用感と自尊感情に関する研究は、生徒の学力低下と結びついたものとなっています［参考文献45］。ですから、**私たちは自分の教室での評価を取り戻し、本来の目的としていた指導にいかすためのツールとして評価を使う必要があります。**

評価の目的

『繰り返し豚を測っても太らない――教室で役立つ評価とは（A Pig Don't Get Fatter the More You Weigh It: Classroom Assessments That Work）』（未邦訳）［参考文献106］という本のなかで、評価のすぐれた定義を見つけました。

「あらゆる形態の評価を使用する目的は、学習者の強みを明確にし、伸ばすべき注目分野に関する情報を教師に知らせることです。評価は、学習者のニーズに関する情報を提供するだけでなく、教師の指導やカリキュラムがどのように展開されているのかについても教師に教えてくれます」

この定義の要点は、評価は、教師の教え方をどのように修正するべきか、そして次に何をすべきかの決定を下すために使われるべきだ、ということです。

これまで私たちは、生徒の成長について保護者に報告するために成績を付けるということを目的として評価をしてきました。多くの場合、授業中の態度や出席状況も成績に含まれましたが、今では、生徒がより良い学習者になるためのツールとして評価を使うことの重要性を十分に理解しています。ある研究者が、重要な質問を二つ投げ掛けています。

・すべての生徒が学びたいと思うようにするために、評価をどのように利用することができるでしょうか?

・生徒が学んだと感じられるようにするためにはどうしたらよいでしょうか?〔参考文献115〕

教科書のなかにある評価を見ると、これらの質問に取り組んでいるものがほとんどありません。(4)

その代わりに、「振り返る」、「思い出す」、「理解する」、「クリティカルに考える」、「応用する」

などの項目があり、それらは章の終わりに付け足し程度に記されています。

これらの見出しは、「ブルームの思考レベル」(5)や「ウェブの知識の深さ」(6)などといったモデルの観点からは意味がありますが、生徒を新しい学びにチャレンジさせるという点では不十分です。自分の知っていることに答えたり、新しい情報を学ぶことが自分の考えにどのような影響を与えたかを示す機会を生徒に提供していません。教科書に書かれている質問の多くは、章を読んで問題を投げかけたり、正解を見つけるという二〇世紀のやり方に逆戻りしています。

評価を指導にいかす比喩として、私はカウボーイが牧場で牛を追い立て、鞭打ち、犬をけしかけ、馬が埃を舞い上げるというシーンを想起します。出版社は国が示す教育の動向に従っているわけですが、「No Child Left Behind Act(どの子も置き去りにしない法)(7)」という流れのもとでは、生徒(も教師)も評価を肯定的なものとして捉えることはできませんでした。テストから一部の棘《とげ》を取り除こうとしている連邦政府の兆候を確認することはできますが、まだ私たちにはその方向性が分からないままとなっています。

理解に向けて確認する

『理解に向けて確認する(Checking for Understanding)』(未邦訳)[参考文献39]という本では、

評価をより積極的に、そして正確に捉えています。著者らは、学習を改善しながら、誤解を修正する方法として評価を捉えています。教師たちとの研究では、**理解を絶えずチェックしている教師のほうが生徒はより熱心に学びに取り組み、テストでも高い点数を取っていることが分かっています。**

私は、教科書にある評価をめったに使わないで算数を教えている四年生の教師が行っている授業を観察しました。その教師は、混乱したときやよい考えを得られなかったり、授業が分からなかったりしたときは「いつでも手を挙げるように」と生徒に言っていました。事実、彼女は生徒の質問に対してすぐに対処していました。

このクラスは少人数のグループに分けられており、教師はしばしば、クラスメイトからより情報を得ることができるようにグループを変えていました。**成績にはめったに言及しなかったので、**

(4) 確実に、テストもこれら二つを満たす評価ではありません!

(5) ブルーム (Benjamin Samuel Bloom, 1913~1999) の著書『教育目標の分類学』(一九五六年) のなかで発表された「思考力」に焦点を当てた分類で、思考力を高いレベルと低いレベルに分けた考え方です。「記憶」とか「理解」は低次に、「応用」、「分析」、「統合」、「評価」と進むにつれて高いレベルの思考力であると分類しています。

(6) 次の四段階で表されています。思い起こすレベル、スキルや概念レベルの理解、短期的に戦略的な思考ができるレベル、他の状況でも応用できる思考レベル、です。

(7) 一七九ページを参照してください。

そのクラスのコミュニティーは競争的なものではありませんでした。みんなが知識を共有しあい、お互いに理解を深めることができていました。

ちなみに、この教師は、芸術、実践的な操作、ファイル・フォルダー、書くこと、および数字を人物として使う物語などといった方法を使うことで概念を説明していたほか、その理解を評価することにもすぐれていました。創造的な評価（成果物）が、教室の壁と廊下にたくさん飾られていました。生徒が多様な評価方法を楽しみながら学習に取り組む間、彼女は生徒の理解を確認していたのです。

このような継続的に理解を確認するための方法は、単元ないし学期の終わりに行われる評価である「総括的評価」とは対照的に「形成的評価」と呼ばれています。形成的評価は、成功する学校をつくり出していくうえにおいて重要な要素となります。学校改善について幅広い執筆活動を行っているマイク・シュモカー（Mike Schmoker）が、次のように述べています。

「イギリスの教育者ディラン・ウィリアム（Dylan Wiliam）らのおかげで、**理解のための複数のチェック（確認）を含む一貫した授業を行うことが学びにとってはもっとも効果的で、費用対効果の高いことが分かっています。**信頼できる研究によると、生徒がそのような授業で四倍もよく学べることが明らかになっています」[参考文献109]（8）

理解するとはどういうことか

学びを評価する前に、生徒が概念を「理解する」と言うとき、それが何を意味するのかを考える（そして、議論する）ための時間を設けることが重要となります。『理解をもたらすカリキュラム設計』という本では、著者の二人が理解の概念について議論しており、それを「単なる教科書の知識とスキル以上のもの」と表現しています。生徒が「分かる」ということは、「さまざまなパフォーマンスや文脈を反映した、洗練された洞察や能力があるということです」［参考文献124］。さらに重要なことは、彼らは「事実を知り、知識をベースにしたテストでうまくいっても理解したことを意味するものではない」［参考文献124］と指摘していることです。(9)

理解に向けての評価が、「テストのために教えること」や日常において学習のモニタリングをすること以上のものであることは明らかです。それは、それぞれのテーマや授業、そして個々の生徒によって変わるプロセスなのです。

（8）　ウィリアムらの業績を紹介している『テストだけでは測れない！』（一七八〜一八〇ページ）をご覧くださいと書きたいところですが、絶版なので、トムリンソンらの『一人ひとりをいかす評価』を参照してください。

（9）　「理解する」「分かる」について興味のある方は、『理解するってどういうこと？』も参照してください。

残念ながら、理解を評価するための確実な方法はありません。教師は理解できなくて困っている生徒のサインと同じく、理解できた生徒のサインに注意する必要があります。多くの教師は、議論や授業中に手でサインをさせたり（親指を立てたり、下に向けたり）、少人数のグループ・ディスカッションを注意深く聞くほか、生徒に「出口チケット」[10]に記入させたりするといったことを非公式に行っています。また教師は、生徒の行動と学びを熱心に観察もしています。

ティーム・ティーチングやピア・コーチング[11]が非常に効果的である理由の一つは、生徒が授業を理解しているかどうかを評価するためにもう一人の目と耳があることです。同様に重要なことは、困難を抱えている生徒を支援する活動や指導について、ほかの教師と対話をすることです。[12]

理解していることの証拠

夕食のテーブルの下で食べ物がもらえるのではないかと待っている犬と同じくらいあなたが気を配っていたとしても、生徒が本当に理解しているか、あるいは理解しているふりをしているかを判断することは容易ではありません。完全に理解することなく、教師が望んでいる答えを見つけ出し、答えることができるといった習慣を生徒は身につけています。多くの教科書に書かれている評価活動が、このような問題をつくり出しているのです。

七年生が使っている理科の教科書で、「堆積岩の形成における四つの過程を挙げなさい」という評価用の質問を見つけました。彼らは「風化、運搬、堆積、石化」を挙げるでしょう。それは見事な正解です。もし、「風化と運搬」しか挙げられなかった場合は半分の正解となります。この教科書の質問に対する答えは、教師に何を提供しているのでしょうか？　理解の証拠としては大したものではありません。

この評価の仕方と、「学びのパートナーと向き合って、岩石がどのように風化されるかを説明してください。次に、パートナーを交代して運搬について説明してください」という質問を比較してみてください。教師は、教室を歩き回ってこの活動に取り組むように指示しながら生徒の説明を聞いて、誤った理解を修正しています。活動の最後には、互いに説明しあった過程について理解できたかどうかをみんなに尋ねることができます。**評価（単に正解が言えるか）ではなく、**

(10)　授業の最後に、二、三分で振り返りを書いてもらうための方法です。
(11)「相互コーチング」の名称で、『「学び」で組織は成長する』にやり方が詳しく紹介されています。『増補版「考える力」はこうしてつける』は、これに似た「クリティカル・フレンド＝大切な友だち」の手法で書かれた本です。
(12)　この場合、お互いに授業を見合うという手間がないので授業改善の方法としても使えます。日本の場合は、授業研究に時間をかけすぎている割には授業が一向によくならないという大きな問題を抱えています。授業改善のための方法を見直す必要があると考え、現在本書のシリーズで『教員研修・研究をハックする』を準備中です。

学ぶことが焦点となっている環境では、生徒は正直に答えて、「理解できない」と言ったり、理解を明確にするために質問をしたりするでしょう。

教科書の評価を決めるための基準

私は、教科書を「カリキュラムのための多くのリソースの一つ」として位置づけて使うことを提唱するのと同じく、教科書のなかにある評価を「評価のためのリソース」として捉えることを提案します。あなたの学習コミュニティーで、指導書に提供されている多くの評価を調べて、あなた方が単元を扱う際に意味のある形で使えるか、それとも若干の修正を加えたうえで使えるかの判断をしてください。

生徒を評価するときは、「その内容を理解するとはどういうことか」を明確にしておく必要があります。あなたは生徒に何を期待していますか？　彼らがあなたの期待にこたえていることをどのように確認しますか？　教科書にある評価を判断する基準とはどのようなものですか？　以下の質問を参考にして、教科書内にある使える評価を探したり、新しい評価を作成したりしてください。

・評価は、あなたの指導目標と一致していますか？　それが特定の学びの証拠を提供していないのであれば、どんなに創造的か、あるいは生徒が熱心に取り組む評価であるかは重要とは言えません。

・評価は、簡単な暗記を必要としたり、文章のなかで答えを見つけたりするのではなく、生徒の理解を表していますか？　生徒は推測したり、情報を解釈したり、新しい状況で学んだことを活用したりしていますか？

・評価は、ディスカッション、デモンストレーション、演技など、生徒の反応の仕方に柔軟性をもたせていますか？

・評価は、生徒自身の学習を正当化する、問題を解決する、または学習を発展させるための証拠や基盤として使うように求めていますか？

継続的に行われる形成的評価

多くの教師は、古くからある抜き打ちテストを一種の形成的評価として使用しています。抜き打ちテストは情報を手早く教師に提供してくれますが、その質はあまり信頼できたものではありません。課題に関するほかの質問に対する答えを生徒が知っていても、教師が尋ねた質問の答えを知らなかったり、テストに合格できる程度の表面的な答えしか知らないからです。(13)以下に紹介するのは、どんな単元や教科書の章にでも組み込むことができる形成的評価の方法です。

反応

学ぶことに焦点を当てた教室では、「あなたはどう思いますか?」という質問を授業中にする可能性があり、生徒はそれに答えなければなりません。第5章で説明しているジャーナルは、この質問に対する回答を記録するのに適しています。とくに、特定の生徒について心配しているときは、教師はすぐにその生徒の答えを読むことができますし、生徒についてよく理解することができます。

生徒が反応できるもう一つの方法は、第1章で説明した「考え、ペアになって、共有する」という方法のバリエーションを使うことです(五五～五六ページ参照)。この方法は、すべての生徒がディスカッションに参加するときに最適です。ペアになって、生徒はテーマについて考えたことを順番に紹介しあいます。双方の考えを話したあと、協力して話し合ったことについての要約文を書きます。その後、すべてのペアがその文章をクラス全体に読み上げます。

たとえば、数学の問題では、「問題の解決策を見つける最良の方法は何か」と生徒に尋ねることができます。理科では、「ラボの実験がなぜそのようになったのか」という疑問に反応してもらう問いかけをするのもよいでしょう。国語では、反応は無制限となります。あなたは、なぜ登場人物がそのように振る舞ったと思いますか? あなたは、詩人の行《ぎょう》の使い方についてどう思いましたか? そして社会科では、生徒が教科書の事実をそっくりまねて話す以上の機会を提供します。たとえば、南北戦争において、黒人兵士が南部連合の側で戦ったと思う理由についてパートナーに話すように、と言うことができます。

生徒と教師のカンファレンス

生徒が能動的に協力しあって学ぶ教室では、教師が生徒の隣に座って、非公式の評価を実施する時間があります。たとえば、生徒が国語の時間に短編小説を静かに読んでいる場合、教師はすべての生徒のところを移動して、理解できないものがあるかどうかを尋ねたり、読んだことを理解したりしているかどうか、さらには読んだものを要約するように話すことができます。また、生徒がレポートやプロジェクトに取り組んでいるときには、助けが必要な生徒により多くの時間を費やす形で短いカンファランス（相談）を定期的にもつことができます。

それぞれの生徒についてフォルダー（電子または紙）を保持している教師は、カンファランス中に生徒の学習ニーズについて簡単なメモをとり、次の話し合いのとき、成長を確認するためにそのメモを参照することができます。多くの国語教師は、生徒が書いたものを読み、その内容に

(13) 形成的評価についてより具体的な情報をお探しの方には、『一人ひとりをいかす評価』（とくに第4章）と『増補版「考える力」はこうしてつける』をおすすめします。

ついて提案したり、構成やつなぎの言葉など、特定の生徒が取り組んでいたと思われるスキルを確認したりするためにカンファランスを利用しています。このように、カンファランスはあらゆる教科において教師が効果的な形成的評価として使うことができるのです。

口頭での評価

ベン・ダイクマ先生は、九年生の政治の授業において、よく口頭で問いかけています。彼が学習テーマについて議論をはじめたので、生徒たちは大きな円をつくって座りました。生徒たちは、先生の質問に答えるだけでなくクラスメイトのコメントにも答えました。先生は机の上にクリップボードを置き、[14]生徒の名前の横に理解度についてのメモを書き込みました。先生は、簡単な思考レベルの質問はしませんでした。以前、財政に関して保守的であると思っている生徒に、「なぜ、その候補者に投票するの？」と尋ねたのが印象的でした。

ダイクマ先生は、生徒たちに新しく学んだ知識を使うように促し、どの生徒がよく分かっていないのかについてすぐに理解することができました。また先生は、一度ならず度々、生徒のディスカッションを聞いたあとに最初のレッスンに戻って、[15]その概念について異なる方法で教え直していました。こうした違いは、アメリカ政治のＡＰコースを彼が教えたとき、ほかのＡＰ教師が教えた生徒よりも高い割合で彼の生徒がＡＰテストに合格していることに表れていました。

デモンストレーション

「はじめに」で紹介したダーリング・ハモンド（一三ページ）は、教育で高い成果を上げている国々の評価について次のように述べています。

「ほとんどの評価がオープンエンドのパフォーマンス評価であるため、生徒は自分が学習したことで、できることを実証する必要があります」［参考文献27］

とくに算数・数学や理科では、生徒に自分の知っていることを表現させています。彼らは、小グループや学習パートナーとこれを行っています。一人ひとりが異なる強みと課題を抱えていることを誰もが分かっているという教室のコミュニティーでは、シエラがラ・シャウンとペアになっても生徒が傷つくことがありません。なぜなら、ラ・シャウンはシエラに百分率と小数の関係を説明し、知識を得たシエラが今度はあなたに説明をしてくれるからです。

知識を証明するもう一つの方法は、図を使うことです。線が引かれてない紙とマーカーを用意します。高校生でも、この実践的な作業に積極的に反応します。たとえば、理科の授業において肝臓がどのように機能するのかについて描くように言ったり、重要な出来事のあとに短編小説に

(14)　二三三ページの訳注（5）、ブルームの「思考の六段階」を思い出してください。

(15)　（Advanced Placement）高校生に大学の初級レベルのカリキュラムと試験を提供する、いわゆる高大接続の北米版に当たる早期履修プログラムです。

描かれている登場人物がどのように感じるのかについて表す符号を作成するように、と言ってみてください。

ある中学校の国語の授業で、偏見について書かれている短い物語にコメントをするようにと話しかけました。一人の男子生徒が、すぐに鞘のない刀に囲まれた心のスケッチをはじめました。典型的な教師としての最初の行動は、彼に文章を書くことを思い出させることです。幸いなことに、私はピンと来て、そのスケッチがどのような偏見を象徴しているのかについて尋ねました。

間もなく、クラス全員がこの男子生徒の周りに集まり、彼の偏見についての経験とそれが引き起こした「痛み」について話すのを聞きました。最終的に彼は文章を書いてくれましたが、最初に絵を使って物語を理解する必要があったのです。彼に、文章を書く、あるいはもっと悪いことに空欄の質問に答えるようなことに私が固執していたら、彼がどれだけ理解していたかを知ることはできなかったでしょう。

総括的評価

総括的評価は、学習のためではなく、学習についての評価で、単元または採点期間の最後に行われ、生徒が分かっていることを判断するために使われます。伝統的に、これらのテストは鉛筆と紙によるものとして行われています。それは、時には音楽、スピーチ、演劇などの科目でも同じです。もし、これがあなたの学校や教育委員会に当てはまるならば、筆記試験に加えて、生徒が知っていることだけでなく、彼らができることを示す「パフォーマンス評価」を行うことについて学習コミュニティーで検討することをおすすめします。

ポートフォリオ

ポートフォリオは、その教科でのさまざまな作業の内容を示すために、生徒または教師によってまとめられた作品の集積です。美術教師はこのツールに精通しており、国語教師も生徒が書いたものを一つのファイルにまとめています。

ポートフォリオは、形成的および総括的な面において生徒を評価するための優れた方法と言えます。生徒は、自分のポートフォリオのオウナーシップをもつことと、自分の知識や能力を実証していると感じる作品を紹介するためにポートフォリオを使うことを学びます。

多くのテストが提供するその場かぎりの評価の代わりに、ポートフォリオであれば一連の学習を示すことができます。さらに、生徒は自分のポートフォリオを誇りに思い、しばしば基本的な要件を超えてまで取り組むことになります。テストを丸めて最寄りのゴミ箱に捨てているといった生徒が、自分の成果を示すために、より良いポートフォリオをつくり出すための作業をやり直しています。教師にとってこのツールは、評価のために、一連の生徒の学びの軌跡（奇跡？）を提供することになります。

よく体系化されたポートフォリオの場合は、教師が生徒のポートフォリオに含める活動や課題を指定することができますし、それによって生徒は、自分の学びを反映した目次を作成します。また、ディジタル・ポートフォリオは非常に魅力的であり、生徒がテクノロジーにチャレンジすることを可能にしていることにも注目してください。

ポートフォリオは、ウェブサイトまたはスライドショーで示すこともできます。第5章で紹介したトロイ・ヒックス（二一六ページ参照）は、ブログをディジタル・ポートフォリオに変換したブログフォリオは、「オンラインの書き手に、自分のポートフォリオを作成するためのユニークな機会を提供している」［参考文献59］と説明しています。

事前に設定された期限までにポートフォリオが完成すると、教師と生徒が一緒に座り、ポートフォリオを見直してから、生徒が獲得する成績を話し合いながら合意形成していきます。私の経験では、教師が考えた成績と同じか、それよりも低い成績を生徒は付けるものです。ポートフォリオについて話し合い、成績を付けることで、生徒が自身の「学びの責任」を引き受けるようになるのです。

彼らはすぐに、自分たちがやっている学びは教師のためではなく、自分自身のためであること

に気づくようになります。なぜなら、それが生徒自身のポートフォリオであって、教師のものではないからです。

サイエンス・ポートフォリオの例――五年生または八年生の理科の授業における遺伝学のポートフォリオには、教師がモデル化し、学習中にフィードバックすることで、単元全体において何度か議論された課題が含まれます。フィードバックは、書面かカンファランスにおいて口頭で行われます。

従来の評価とこのパフォーマンス評価の違いは、各項目が完了後すぐに採点されないことです。成果物はポートフォリオに収められ、ポートフォリオを整理してから最終的な成績が与えられます。もちろん、指定された終了日はありますが、ポートフォリオを早く完成させた生徒は期日よりも早く提出するかもしれません。

以下は、遺伝学に関する理科のポートフォリオに必要とされるかもしれない項目の例です。

❶以下の質問のうち、一つをウェブで検索すること。

・メンデルの仕事はなぜ重要なのでしょうか?

・遺伝性疾患とは?

・遺伝子工学とは?

（注――これには、資料の一覧、インタビューのメモ、インターネット上の調査結果、および最終版の下書き原稿を含めてください。）

❷なぜ、遺伝子組み換え植物が社会にプラスまたはマイナスの影響を与えているのかについて、説得力のある文章を書いてください。

（注――下書き原稿、何人かの友だちのフィードバック、および結論を出すために使用された調査も含めてください。）

❸実験室で確率について学んだことについて、考察に関する断片を書いてください。

❹次の二つも提出してください。

・「表現型」と「遺伝子型」の違いを理解していることを示す「見える化用紙」。

・メンデルにおけるエンドウ豆の形質イラスト。

パフォーマンス評価

エンゲイジメント（夢中で取り組むこと）を扱った第1章で述べたように、生徒はある程度の選択とコントロールがあれば学習により力を注ぐことができます。テストを受けるのではなく、プロジェクトを行う選択肢を生徒に提供することには、その知識を証明しながら学習に取り組むことができるという明確な利点があります。

先に紹介したダーリング・ハモンド（一三ページ参照）は、ニューヨーク市にある数百の新しい学校について、「かつての工場モデルの学校に比べて、二倍となる割合で生徒を中退させずに卒業させている」［参考文献27］と報告しています。

彼らの秘密は何でしょうか？　生徒たちは、プロジェクト学習とパフォーマンス評価を行っていたのです。前節で説明したものと似ている（ただし、より詳細な）ポートフォリオを生徒が提出することがあります。それには、「各主要教科における学際的な探究を説明する質の高い研究結果」［参考文献27］も含まれています。

教科書におけるパフォーマンス評価の例

多くの教科書には、現実にある学習を扱った章があります。たとえば、高校理科の教科書では、執筆者が生徒に、ある敷地にある花畑のスケッチを提案しています。そして、生徒に、選んだ庭でどの植物がもっとも繁殖するかについて調査をするように求めています。このような課題は、近所の写真を撮って、生徒に花畑をデザインさせることに発展するかもしれません。さらにその際、土地の所有者から土壌のサンプルをもらい、どうすればより成長させられるのかについて考

表6－1　パフォーマンス評価に使える多様な方法

・プロジェクト展示
・口頭発表
・ディベート
・オープンな質問に基づくパネル・ディスカッション
・ラボ実験
・マルチメディアのプレゼンテーション
・実験のデモンストレーションや問題解決
・朗読劇、スキット、演劇、演説
・インタビュー
・視覚に訴える表現（図表、ポスター、イラスト、絵コンテ、漫画）
・フォト・エッセイ（写真中心でメッセージを発信）
・模型
・ブログ、ウィキ、その他のオンライン・プロジェクト

え、プロジェクトの最後にそのデザインを提示することも可能となります。

例を挙げると、一〇年生の理科と数学の合科チームでは、数学の生徒が堆肥化サイトの寸法と堆肥化可能な材料の種類に関する比率を考え出すという「堆肥化プロジェクト」に協力し、理科の生徒が堆肥をつくるために働いて、それをつくる方法を訪問者に説明しました。また、ある中学校の国語教師の場合は、詩に関するテストをする代わりに、少なくとも三つの比喩的な言葉の例を含む歌詞をつくるように生徒の各グループに要求していました。

教科書で提案されていると思われるその他のパフォーマン評価には、**表6－1**に示したようなものがあります。

新しいリテラシーを評価する

教科書以外で学習するとき、クリティカル、ビジュアル、ディジタルなどの新しいリテラシーを扱う場合は、とくに評価の仕方に注意をしてください。

クリティカル・リテラシーとは、生徒に「言葉とリテラシーが社会的目的を達成するために使用される方法を理解する」〔参考文献33〕ことを踏まえてもらい、社会的な行動の手段であることを認識させるものです。生徒が、自分たちの知っていることを証明できる評価のやり方を模索してください。たとえば、次のような方法です。

- ・作者の意図と動機
- ・誰の視点が除かれているか？
- ・作者の見方は偏っていないか？
- ・情報源は信頼できるか？
- ・誰の価値観が表現されているのか？（あるいは、いないか？）

ビジュアル・リテラシーとは、画像を見て解釈する能力です。教科書は写真などでいっぱいですが、視覚的テキストを読むという重要なスキルを対象とした評価はほとんどありません。次のような質問を使って評価を作成したり、教科書の評価を判断してください。

・画像はどんなメッセージを発信しているか?
・誰がメッセージを発信しているか?
・画像、グラフ、イラストから何が省かれているか?
・画像は読み手の感情や知性をどのように操作しているか?
・画像の価値は何か?
・情報源と画像は信頼できるものか?

学習内容を理解するのに不可欠となるツールを生徒が使いこなす場合を評価するときと同じく、あなたが教える教科に関連する生徒のディジタル・リテラシーを評価します。生徒の能力を示す以下のような評価法を探しましょう。

・複数の情報源を効果的に統合する。
・異なるサイトを比較対照する。
・サイトの信頼性を判断する。
・ICTを使って効果的にコミュニケーションをとる。
・テーマを研究するために、有効な情報を見つけて利用する。

自己評価

ヨガなどの教室を受講したことがある（または、スポーツをしたことがある）人であれば、自己評価の利点が分かると思います。たとえば、コーチから体重を足のつま先と踵《かかと》の間に配分するように注意されたとき、それが実際に行われているか否かについて知っているのはあなただけとなります。

多くの場合、ヨガのインストラクターは進歩状況を自己評価するために、手などといった身体の一部を見るようにと生徒に指示しています。同じく授業では、生徒自身による自己評価は、やれたらいいというレベルのものではなく形成的評価に欠かせない要素となります〔参考文献13〕。自分の足が正しい方向に向いていることや、特定のポーズでバランスをとる方法をようやく学んだことに気づいたときにヨガの効力に自信がもてるようになるのと同じく、生徒も成功を体験することで学習者としての自分に自信をつけていくのです。それから、彼らはさらに学習上のリスクを取るようにと励まされることになります。それは、「出来が悪い」とレッテルを貼られた生徒にとってはとくに重要です〔参考文献115〕。

どのようにしたら授業に自己評価を取り入れることができるでしょうか？　第一に、教師は授業やクラス運営をコントロールすることの一部を生徒に譲りわたし、彼ら自身のために個々の学びへの姿勢を見いだせるようにする必要があります。残念ながら、教科書はこの評価の分野でも失敗しています。**教科書は、本質的には権威の道具です。**言うまでもなく教科書は、事実と評価について、「すべてはすでに明らか」という視点で提示されています。

私たちがクリティカル・リテラシーについて教えないかぎり、生徒は読んだことに疑問を投げかけることはめったにありませんし、自分が学習していることについて考えるように求められることもありません。悲しいことに、「リストアップしなさい、説明しなさい、メモしなさい、説明しなさい、判断しなさい、推測しなさい、書きなさい」などといった指示は非常に明確であるため、通常、自己評価する必要性がほとんどないのです。正解が、指導書にはっきりと示されているからです。

すべての課題に対して、生徒が自らの学習を振り返り、本当にそれを理解したかどうかを判断するように教えられたと想像してください。彼らが完全に理解していないことに気づいた場合、自己効力感や成功に向けての信念と決意を築けるように、課題のすべて、ないしその一部を自由にやり直せる必要があります。書くときに「振り返りシート」の使用を私が奨励するのと同じく（一八九ページ参照）、教師が生徒の自己評価のために、ジャーナルのなかに書くスペースを提供することを提唱します。

同じく重要なことは、生徒に具体的な学習目標、つまりエンゲイジメントの要素を設定してもらうことです。その後、生徒は自分の理解を客観的に見て、目標に到達したかどうかを判断します。彼らはまた、なぜ困難を抱えているのかについて理解し、自分たちの学習をどのように再調整するのかについて見いだすこともできます。最後の点は、生涯にわたって役立つ大切な方法の獲得となります。

南部植民地[16]での生活に関して書かれている五年生の教科書を題材として、授業について考えてみましょう。

教師と生徒が一緒になって、この時代について勉強するという目標を立てます。これは、大きなプランテーション農園での生活と小さな農場での生活の違いを理解するためです。生徒が違いについての資料を読み、話し合い、整理し、教師が理解不足の点を探していると、生徒自身も知識のギャップに気づくようになります。

このような責任を生徒のほうに移行するにはしばらく時間がかかるでしょうが、生徒がメタ認知、つまり彼ら自身の学習をモニターする力を練習するためのメカニズムを取り入れることで達

(16) イギリス領であったアメリカ内の南部植民地とは、メリーランド州、バージニア州、カロライナ州、ジョージア州のことです。

成が可能となります。以下に挙げる問いが、メタ認知の練習をする生徒に役立つでしょう。

・この章／テーマ／単元に対する私の目標は……
・このテキスト／課題／プロジェクトから学んだもっとも重要なことは……
・私がまだ理解していないことは……
・授業／テキスト／課題で、私にとってもっとも難しかった部分は……
・私が学んだことで助けになると思われることは……
・この課題を終えたあと、あるいはこのテキストを読んだあと、今、これを私は別の方法で見ています。それは……
・このテーマを学ぶという目標を私は達成した／しなかったと感じています。なぜなら……課題のこの部分はとても大変でした。なぜなら……
・次のような方法で、課題の一部をやり直したいと思っています。

やり直し

結果としてもたらされた「成績」と「失敗」という言葉の裏にある否定的な意味合いという固定された考え方のなかで、「間違える」ことからどれだけのことが学べるのかについて私たちは忘れています。

残念ながら、**教科書会社が評価を提供するとき、「間違い」の価値を考慮することはめったにありません。それは、学びのプロセスを大事にするといった時間を組み込んでいないため、評価を一度かぎりのものとして捉えているからです。**これはおそらく、教科書をカリキュラムガイドとして使うことに対する最大の批判となります。**私たちは、単に学ぶべきことだけではなく、学習者を見て、学習者が理解するために必要であれば、何度でもやり直すチャンスを提供しなければならないのです。**

オーストラリアの教育学者であるブライアン・カムボーン（Brian Cambourne）の有名な学習モデル(17)には、「試してみる」と呼ばれるものが含まれています。彼は、「試してみる自由はすべての成功した学習にとって不可欠な要素です」〔参考文献19〕と書いています。

生徒が「過ち」から学ぶことを奨励するための最良の方法の一つは、生徒に「やり直す」機会を提供することです。「やり直しと試験の受け直しを正しくやる」というタイトルの記事がありますが、そのなかで、この点に関して見事に示されています。

---

(17)　このモデルについては、『増補版「読む力」はこうしてつける』の八一〜八二ページで、「ナチュラル・ラーニング（自然学習）モデル」という名称で紹介されています。

LSAT[18]、MCAT[19]、プラクシス、SAT[20]、バー試験[21]、公認会計士試験[22]、運転免許、パイロットの免許、自動車整備士認定試験、これらの評価はすべて成人を対象とした仕事の責任を反映したもので、私たちの生徒がいつの日か直面することになるものです。その多くは、人の人生を大きく左右するものでもあります。

人びとの生活は、個々の能力の正確な尺度として、これらのテストの妥当性にかかっています。これらすべての試験は、完全な信用のもとに、**何度でも受け直すことができます。**［参考文献127］

学校の評価も、チャンスをただ一度しか許さない非現実的なシステムから、やり直しがきくだけでなく、やり直しが期待されていることが分かるシステムに移行するときに来ています。

皮肉なことに、政治家や教育界のリーダーによる卒業率の向上、学力格差の解消、高成績を収める国々との競争などについての教育的なレトリック（巧みだが、中身のない表面的な言葉）には、学びの過程について聞くことがありません。科学的な方法と同じように、学びは仮説を試すことの一形態です。教育的な推測を行い、その推測から学び、そして新たな知識で「実験」をやり直す必要があります。

やり直しの管理の仕方

生徒における学びや作品のやり直しを認めるように私は教師にすすめていますが、そのような方針が教師をイライラさせることも承知しています。健全性が問題になる場合、常に安定性の面で間違えますが、その決定を下す前に「やり直し」を試してみてください。以下に挙げるのは、「やり直し」が学びを遂行するうえで悪夢にならないようにするためのヒントです。

・やり直しの機会が必要な理由を生徒に書面で説明してもらい、これまでにやったことや要求したいことを一緒に提出してもらいます。

---

(18) (Law School Admission Test) アメリカ法科大学院適性試験のことです。法科大学院（約二〇〇校以上）への入学には、このLSATを受けないと出願できません。

(19) (Medical College Admission Test) 医科大学への入学試験のことです。アメリカで医学を学ぶためには、この試験に合格する必要があります。

(20) アメリカでの教師採用試験のことです。

(21) (Scholastic Assessment Test) 大学への進学を希望する対象者に行われるアメリカの共通試験です。英語と数学からなる「SAT-I」と科目別の「SAT-II」があります。

(22) アメリカの司法（弁護士）試験のことです。州ごとに行われ、合格者はその州内でのみ営業できます。

・生徒がやり直しを提出するときは、修正したい部分を強調して、質問に答えてもらいます。修正される評価は、追加された学びの証拠をどのように反映していますか？

・算数・数学や理科などについては、必要に応じて異なるより難しい問題を投げかけます。国語や社会では、別のテキスト（教材）でやり直しをするように助言することができます。

・生徒の学びが改善するにつれて、やり直しのすべてのステップを読む必要はありません。必要最低限のフィードバックを提供するために、生徒の求めに応じたカンファンスの時間を確保するだけでいいのです。

・課題に成績を付ける準備ができていると生徒が感じるまで、クラスメイトとやり直しをするか、自己評価を通して自己修正することを奨励します。

・再評価するときは、課題の修正部分だけを見てください。すべてをもう一度評価する必要はありません。

・作品を「やり直し」の箱に入れさせ、時間が取れ次第、再評価することを伝えます。

・成績ではなく、学びが深まることを優先します。生徒には、通知表の成績をすぐさま変更しないことを伝えてください。いくつかの成績が変更されるまで待って、都合のよいときにそれらをすべて実行します。

・やり直しの特権を悪用する生徒に謹慎処分を与えるというのは、あなたの特権です。

・あなたのスケジュールと時間的な制約を優先して、やり直しの適切な締め切り日を設定してください。
・生徒に課題をやり直させる目的は、成績を変更することではなく、より深く学ぶためです。

ダニエル・ピンク（一六ページ参照）は、サルがパズルを解く能力について調べるために、サルのいる檻に科学者がパズルを入れたという有名な実験について語っています。突然、サルは、「熱心に、しかも楽しそうに、この仕掛けで遊びはじめた」［参考文献99］と書いています。

ピンクの言いたいことは、賞賛、食べ物、愛情、成績などの形でサルに褒美を与えなかったのに、ということです。科学者たちは、霊長類にとっては、学ぶ喜びそれ自体が報酬であると判断しました。同じように、発見、解決、そして単位を取り、教師に認められたいという願望を達成するために生徒が課題や評価に興味をもつようになるということが「やり直し」の基本的な前提となります。

あなたの授業が、本物の、意味を感じられるプロジェクトや探究に取り組んでいる学びの実験室になると同時に、振り返りの利点を最大限にいかせるようになると、より多くの生徒が知識を求めて自立するようになります。そのとき、評価はプロセス全体の副産物となります。

見習いとしての学習者

「見習い」という学習方法は、それほど悪いものではありません。大工が仕事を学びたいと思ったとき、自分自身が熟練するまでその仕事で熟達した人に師事します。私たちが知っている学習は、このモデルに密接に従っていると言えます。学ぶことに熟達している人によって学習が示されなければならず、学び手には、練習し、質問し、責任を取り、教師から与えられたフィードバックを聞くことが求められます。

多くの場合、教師からのフィードバックは、学び手からの質問に応じて、時に教師が学び手の間違いを見つけたときに継続的に行われるべきです。先ほど紹介したカムボーン（二五七ページ参照）は、フィードバックは容易に受けることができ、リラックスした状況で、何の条件もなく行われるべきものとして説明しています。それに加えて、「次回の学習時にたとえうまくいかなくてもペナルティーはない」と言っています(23)［参考文献19］。

ソクラテス（Socrates, BC469頃～BC399）や無数の見習いたちが知っていたように、そして子どもたちに学んでもらったことがある私たち教師の多くが分かっているように、フィードバックは学びの中核なのです。評価のこの要素は、私たちがいくら支払おうと、企業のテスト作成者にはできないことです。

評価の力

形成的であろうと総括的であろうと評価は、生徒が自らの成果に誇りをもてるように動機づけるか、学びを自分以外のほかの誰かのためのものと見なす力をもっています。学びが挑戦的でとても興味深いプロセスであると認識されている学校では、評価は教育体験全体においてなくてはならない重要な部分になっています。一方、テストの点数が学校教育のほかのすべての成果をしのぐ存在になっている学校では、評価は学びに備わっている喜びを減少させ、実際の成果に悪影響を及ぼす存在となっています。

評価について私たちは、コントロールができないものと捉えがちですが、それでも、評価のプロセスをすべての教科で、今よりもっと有意義で前向きな経験にすることができるはずです。

(23) この点についても、前出の『増補版「読む力」はこうしてつける』に書かれています。また、見本／モデルの大切さについては『「学びの責任」は誰にあるのか』を参照してください。

実践コミュニティー　学ぶための評価

　ここでの実践コミュニティー活動では、効果的な評価を開発し、使用するための基礎を築くために、あなたのグループが評価のあらゆる側面について読み解き、話し合うことになります。

ミーティングの前に……

❶「学びのための評価」は、多くの議論と思慮深い分析を導きます。ほとんどすべてのグループで、成績、採点方法、および評価の意味についてさまざまな意見が出されることでしょう。対話をはじめる前に、グループのメンバーが評価についてある程度理解することをおすすめします。このテーマに共通の根拠を見いだすことで、誰もが視点をもつことになり、無駄な議論に費やす時間を減らすことができます。

　時間節約のために、記事などはジグソー学習の形式で分担して読むといいかもしれません。おすすめは、雑誌〈Educational Leadership（教育リーダーシップ）〉の「効果的な評定活動」特集号（二〇一一年一一月号）と、『先を向く――指導と学習を変革するための評価の力』［参考文献101］のなかから、この分野のリーダーによるエッセイを読むようメンバーに依頼してください(24)。

❷メンバーが読むとき、ガイドとして質問のリストを作成して共有し、それぞれのミーティングで一つずつ話し合います。

・評価の目的は何か?

・成績の目的は何か? 私たちは自分の学校、学年、または教科でどのように成績を利用しているのか(あるいは、したいのか)?

・学びを促進するために、どのように評価しているのか? そのために、どのような評価が効果的か、もしくは効果的ではないのか?

・どの評価を使っているのか? それぞれの長所と短所は何か?

・教科、学年グループ、またはその他のチームで有意義な評価をどのようにすれば作成することができるか?

ミーティングでは……

❸学びを豊かにするために、メンバーがどのように評価を活用できるかについて読み、話し

(24) これらの邦訳はないので、日本では『一人ひとりをいかす評価』と『成績をハックする』および『イン・ザ・ミドル』の第8章をおすすめします。

合い、合意に達したあと、実際の学びがはじまります。パートナーまたはグループ全体で、学びの特定テーマに関する評価を作成します。あなたは、効果的であると分かった教科書にある評価からはじめて、評価についての新しい理解の観点からそれらを考えてみたいと思うかもしれません。

クラスでは……

❹生徒に評価を渡して記入してもらい、完了した評価を次のグループ・ミーティングに持っていきます。

フォローアップのミーティングでは……

❺評価の結果を、あなたの指導にどのように活用できるかについて話し合います。言い換えれば、あなたの指導はアセスメント（評価）に基づいてどのように改善できるでしょうか？ 課題はどのようにつくれますか？ といったことについてです。

あなたのグループは、ほかの教師が使うために評価を微調整したいと思うかもしれません。また、この評価のやり直しをどのように管理するのかについても検討してください。

第7章

テキストセットで本物の学び

教科書に関連するすべての問題を考慮すると、学びよりも教える内容をカバーすることが目標であるかのように強いられている場合、学びの健全さからすれば、これほど有害なものはないと言えます。教師は教える内容を理解して、授業をつくり上げ、そこで取り上げられた概念（内容）について、生徒に情熱をもって学んでもらいたいと思っています。しかし教師が、分厚い指導書に書かれている膨大な量の学習内容によって翻弄されていることを考えると、やはり落胆してしまいます。このような状況は、年度末の残りの日数や、カバーしなければならない単元を数えたりすることで、時にはパニックを引き起こすことになります。カリキュラムの唯一の拠り所を教科書にしてしまっていること、そしてあまりにも幅広いと同時に極めて説明的なスタンダード（日本の学習指導要領に相当）の存在がこのような状況をつくり出していると考えます。

教育委員会が州のスタンダートや各州共通基礎スタンダード（五ページ参照）との整合性がとれている教科書を購入してしまえば、あとは第一章からはじまるというお決まりの道をたどるだけです。誰もがやらなければならない「すべてのスタンダードを教え、指定の教科書を順番にこなしていく」というアプローチは、指導内容を表面的に「カバーすること」につながってしまいます。アメリカの教育では、カバーすることは例外なく規則である、と多くの研究者が記しています。と同時に、これらの研究の多くにおいて、カバーすることの悪影響も指摘されています［参考文献84］。

生徒に消化する時間も与えず、あまりにもたくさんの情報を詰め込もうとしているのではないかと私は心配しています。アメリカ学術研究推進会議（National Research Council）は、「過度に広すぎる教科内容を強調するカリキュラムは、知識を関連づけるのではなく、バラバラな状態のままにしてしまうという危険を冒している」と、懸念を表明しました。また彼らは、「これまで以上に、人間の知識の莫大さについて、教育によってカバーすることを不可能にしている」と明言しています［参考文献90］。

高い成果を上げている国々は、広範囲にわたる内容をカバーすることから、より焦点を絞った深い学びに切り換えています。

数学の分野でさえ、フィンランドのような国々では、アメリカのように多くのテーマを網羅しようとはせず、一つか二つの概念上にまつわる問題に取り組むことに時間を費やしていると研究者たちは報告しています［参考文献110］。また、アメリカにおいて八年生の数学教師が、基礎となる数学的原理を理解させるよりも、問題を解かせるためにより多くの時間を費やしているという報告もあります。

アメリカの教師が、深く考える学びに取り組ませたくないと思っているわけではありません。「現在のカリキュラムには単純な課題が多く、断片化されすぎています。多くの場合、テーマや学年レベルの間で明確な関連がありません」［参考文献84］という状況になっているのです。

教師が以下の二つのことをすれば、広くカバーすることの代わりに深い学びがより簡単に達成可能となります。

❶教科内および教科を超えて、生徒が知識を使いこなすことをサポートする方法を教師が協働して開発し、実践する。
❷教科書を、事実だけでなく、概念を学ぶために役立つ多くの資料の一つとして使う。

概念的な理解を深めるために生徒はさまざまな読み物にアクセスする必要がある、と言うのは簡単ですが、とくにオンラインで利用可能な何百万ものリソースから教師はどのように選択すればいいのでしょうか？　その一つの方法は、同僚と協力してテキストセットを作成することです。

テキストセットとは何か？

テキストセットとは、教師（または司書）によって作成された特定の主題、ジャンル、またはテーマに関するさまざまなリソースで構成されている資料のコレクション（セット）のことです。テキストセットには、オンライン情報源からの情報を含めることも、紙ベースのものも使用することもできます。また、すぐれたテキストセットには、さまざまな読解レベルの資料が含まれています。

教科書のテーマに関連づけてテキストセットを作成しはじめると、最初にある言葉を聞くと、至る所でそれを見聞きすることになるといった経験に似た状況になります。テキストセットのために本や記事を集めはじめると、至る所でテーマに関係する資料を見つけるようになります。そして、すぐにあなたは、教科書を補完する豊富なレパートリーをもつことになります。テキストセットに含めることを検討する情報には、**表7-1**に示すようなものが考えられます。

複数の教科書を授業で使用している学校であれば、テキストセットに慣れていることでしょう。多くの国語教師が、クラス全員に一律に読ませる小説（日本流にいうと「一つの教材」）を放棄して、ヒーロー、新しい時代の到来、内なる葛藤などといったテーマでテキストセットを集めて

表7－1　テキストセットに含められる多様な情報

・印刷された雑誌・新聞やディジタル情報源からの記事	・政治風刺の漫画
・フィクションとノンフィクション（印刷物とディジタル）	・写真やイラスト
・ラジオ放送(*)	・公文書
・詩	・ブログやつぶやき（ツイート）
・短編小説	・生徒の書いたもの
・手紙や日記などの一次資料	・絵本
・実験結果	・地図、図、表
・データ	・関連項目のリスト
・歌（音楽または歌詞）	・動画
・インタビュー	・伝記
	・美術作品
	・劇
	・年鑑を含む簡単な書物

（＊）　現在では、聞き逃しサービス（ラジコ）や活字で読めるニュースなどが充実しています。

います。また、ミステリーや回想録などのジャンルも収集しています。

一方、社会科の教師は、たくさんの歴史的文書、写真、音楽、その他の品物がオンラインで入手できるために有利となっています。たとえば、奴隷制度、産業革命、またはアメリカ大統領制をセットにすることがきわめて容易となっています。そして、算数・数学や理科の教師の場合も、角度から細胞といったさまざまなテーマでテキストセットを用意しつつあります。

学年が上がると自分で読んだり研究したりして資料を見つけられるようになりますので、テキストセットづくりに貢献してもらうことが可能となります。たとえば、伝染病に関するテキストセットを作成したとき、生徒はフィクションとノンフィクションの記事、そしてテーマに合った映画、歌、写真などを持ってきてくれました。しかし、注意をしてください。あなたがテキストセットには望まないもの（とくに理科分野）まで持参してしまうほど、生徒が熱中する場合がありますので。

テキストセットを作成する方法

やりたい放題のように聞こえるかもしれませんが、テキストセットの作成にはかなり熟慮を要します。多くの国語および社会科の教師は、戦争や家族などのテーマについてさまざまな観点から考えることによってテキストセットづくりをはじめています。

アネンバーグ財団（Annenberg Foundation）[1]が、テキストセットの使用に関するワークショップを提供していました（本書の執筆時）。そのなかで、教師教育に携わるジェローム・ハースト（Jerome Harste）が、資料を探す前にテーマについて質問することを提案しています。「心理学者は、私たちに移民の何について理解してほしいのでしょうか？　地理学者は？　社会学者は？　人類学者は？……どうして、母や姉妹や娘の視点が異なるのでしょうか？」

さらにハーストは、次のように問うことを教師に提案しています。

「私が見つけた資料には、誰の物語が含まれていないのでしょうか？　私は、どうしたらその声／視点を加えることができるでしょうか？」［参考文献26］

これらのさまざまな視点を、一つのテキストで提示することはできません。また、生徒には、視点の違いを理解するためのさまざまな経験が必要です。さらに、あなたが考える指導のポイントを補強するような情報を意図的にテキストセットに含めることで、特定の学習目標に生徒を導くことが可能となります。

小学四年生の教師は、本、雑誌や新聞の記事、そしてオンライン記事などでテキストセットを作成しました。このテキストセットは、興味深いやり方で自分の文章を書きはじめる方法を生徒に示すものとなりました。また、中学校の社会科教師は、生徒に予備知識が得られるようにゴールドラッシュについての小説を提供し、その後、生徒たちの思い込みを修正するためにノンフィクションと一次資料のテキストセットを持ち込んでいます。

（1）　出版業界の大物とされるアネンバーグ（Annenberg, Walter H.）が一九八九年に創立した財団です。一九九三年には、公立学校改善のために五億ドルを投入すると発表し、「アネンバーグ・チャレンジ」補助金としてボストンをはじめとする一八都市の非営利団体に財政援助を施しました。

テキストセットの利点

多くの教師がテキストセットを好んでいる理由の一つは、すべての生徒、とくに読むことに苦労している生徒でも内容が理解できるようになるからです。読み手は、ウィル・ホッブス（Will Hobbs）が書いた移民に関する小説『ワイヤーを渡る（Crossing the Wire）』〔参考文献60〕や、『ここに属するのは誰か？ アメリカの物語（Who Belongs Here? An American Story）』〔参考文献65〕といった絵本から読みはじめ、雑誌〈タイム（Time）〉の表紙を飾った、アメリカとメキシコの間で不法移民を制限するために何百万ドルもかけて造られる壁について書かれた『砂の中の新しい境界線（A New Line in the Sand）』〔参考文献121〕のようなノンフィクションを読むといった、難しいテキストに移行する様子を私は見てきました。また、そのとき、移民によって書かれた詩や移民についての詩も含めたり、移民の生徒に対して、テキストセットに入れられる詩を書くようにもすすめました。

生徒たちが、もしホッブズの小説を読まずに、移民に関する予備知識やテーマへの関心を抱いていなければ、雑誌〈タイム〉が取り上げていたような難しいテキストを読んだり、詩を書いたりする気にはなれなかったでしょう。

とくに現在は、ＣＣＳＳ（各州共通基礎スタンダード。五ページ参照）が読むことについてより多くのことを求めているため、自分の考えをまとめたり、クリティカルな読みなどといったスキルを生徒が練習できるようにするさまざまなテキストを提供することが重要となります。カルキンズ（六四ページ参照）らが指摘しているように、「抜粋、アンソロジー（文集）、教科書に頼っていた教室は、幅広い読み物を図書コーナーに揃える必要があること、また学年が上がると、一次資料や二次資料も揃える必要があることに気づく」必要があります。

さらに、生徒が教科書だけを使用している場合、「すでにすべてが要約されているので、彼らは作者の主張を裏付ける正当性や根拠を分析することができないし、作者のスキル、文の構成、視点などについても比較することができない」［参考文献18］と付け加えています。

テキストセットのもっとも有益な側面は、生徒がひたすら読むことに、熱心に取り組むようになることです。テキストセットは、『ハリー・ポッター』（Ｊ・Ｋ・ローリング著）、『トワイライト』（ステファニー・メイヤー著）、『ハンガーゲーム』（スーザン・コリンズ著）などのシリーズに似ていると考えてください。

あるテーマ（または本のシリーズ）に生徒が夢中になると、彼らは読み続けるのです。私たちの役割は、異なるジャンル、そしてさまざまな読みのレベルでテキストを提供することです。そうすれば、彼らは「読むのは退屈だ」と言う前に、読むことに夢中になっているはずです。

読むことによって理解力と語彙力を高め、予備知識を増やし、より広い世界観を得て、知的な存在として自分自身を認識するようになって共感を深めます。すると、どうなると思いますか？彼らは標準化されたテストでもよい点を取るようになるのです。

テキストセットで一緒に学ぶ

最近、人気となっている「読書介入プログラム」を使用して八年生を対象に授業を行っている「読みの教師」[2]の教室に行ってきました。教育委員会は、このプログラムを生徒が受けられるようにするために多額の予算を投入しました。その結果、多くの生徒たちが成果を上げています。にもかかわらず、「とくに、一年以上このプログラムを使っていた生徒のなかに、自分の興味と能力に基づく補足的な読み物を必要とする者がいる」とこの教師は感じていました。しかし、教師は、読みのコーチから助言を受け、最適な結果を得るためにこのプログラムの実践を忠実に続けました。

この教師は読みの分野で修士号を取得し、長年にわたって読みの授業を教えており、生徒のことと彼らの教育的ニーズをよく把握しているはずなのに、そのプログラムに従うべきだと判断してしまったのです。残念なことに、このような状況があまりにも頻繁に繰り返されています。

ちょっと、理想的な教育の世界を想像してみてください。読みの教師は、教科横断チームの一員となり、カリキュラムとリソースについてほかのメンバーと毎日話し合ってティーム・ティーチングを行っています。(3) さらに、この教師はほかのクラスの生徒がどのような学習テーマを設定しているのかも知っています。

読みの教師が何かに懸念を抱いたときにはチームにもち込み、ほかのメンバーが彼女のテーマに基づいてテキストセットを作成するためのサポートを行います。たとえば、対象を大人にまで設定している絵本の『ジョージ対ジョージ――両側から見たアメリカ革命』(4)（未邦訳）〔参考文献108〕、またはよりレベルの高い読者向けとなる、ポール・リヴィアの娘の視点から書かれたヤングアダルト小説『サラ・リヴィアの秘密』（未邦訳）〔参考文献104〕などが含まれます。

さらに教師は、社会科関連の資料から一次資料を含めることができます。理科教師は、アメリカ革命の時代に生きていたベンジャミン・フランクリン（Benjamin Franklin, 1706～1790）などの科学者の伝記や、電気に関するノンフィクションを提案するかもしれません。読みの教師は、

（2）北米では、「読む授業」と「書く授業」が分かれている場合が少なくありません。
（3）これに対して、『イン・ザ・ミドル』の著者は声を大にして反論することでしょう！
（4）（Paul Revere, 1735～1818）アメリカ、マサチューセッツ湾植民地出身の銀細工師で、アメリカ独立戦争中は愛国者として活動しました。

生徒の読みに関するスキルや課題について知識をもっていれば、それらのテキストを使って読みのスキルを教えたり、主要教科の学習を支援することができます。

出版社のなかには、フィクションとノンフィクションを含むテーマ別の本を制作することによって、テキストセットのアイディアをいかしているところがあります。しかしながら、時間とサポートが提供されれば、今紹介したようなチームで協力して、自分たちが抱えている特定の生徒集団のニーズを満たすことになる独自のテキストセットを作成することができるのです。

テキストセットづくりに役立つヒント

・文章、イラスト、詩、音楽など、現在および以前の生徒が作成したものを取り入れます。生徒たちはほか生徒の学びを見るのが好きなので、これらの作品はとても魅力的なものとなります。

・生徒に教科書のなかの該当する章を事前にざっと見てもらい、テキストセットとして含めたいリストをつくってもらいます。この課題は、テーマに対して目的を提供するだけでなく、教科書で扱う章の学びに取り組ませるときにとてもよい方法となります。

・生徒を学びに没頭させながら、彼らのオウナーシップを高め、テーマに誇りをもたせるために、写真、歌の歌詞、その他の情報を掲示板に貼り出します。

・幅広いレベルの資料を含めてください。読むのが易しすぎたり、難しすぎたりするかもしれないということは気にしないでください。生徒が興味をもちはじめると、適切な能力のレベルに移行していきます。

・テキストセットを作成していることを保護者や同僚の教師に呼びかけます。ほかの人を巻き込むと、見落としたことがたくさんあることに気づいて驚くはずです(5)。

・オンライン情報に関しては、手当たり次第に含めず、信頼性と総合性を重視してください。

実践コミュニティー　テキストセットをつくる

テキストセットをつくるときの共同作業グループは、比較的簡単な作業をすることで、生徒の理解やエンゲイジメントについてより大きな成果を得ることができます。この学習コミュニティーの活動では、テキストセットを作成する目的に応じて、自分の教科内または教科をまたがって作業を行います。以下は、グループ活動の概要を提案したものですが、ほとんどの活動は単独で（おおっぴらにしないで）行うことが可能です。

---

(5)　ほかにも潜在的なテキストがたくさん存在し得る、という意味です。一人ではすべては網羅できないので、いろいろな人に協力してもらうことでよいセットができあがります。

ミーティングの前に……

❶カリキュラムまたは教科書を見て、テキストセットにできそうなテーマを見つけます。最終的には、すべてのテーマにテキストセットが必要になりますが、ゆっくりと進めて圧倒されないようにしてください。

❷校内のメディア担当者（司書）に、ミーティングを事前に行うと通知するようにします。テキストセット、書籍、定期刊行物、ウェブサイトの一覧など、さまざまな分野の背景情報を紹介してもらうようにお願いしておきます。(6)

ミーティングでは……

❸グループがテキストセットのテーマを決定したら、それに適した項目をブレインストーミングします。教科書では、テーマに関連するテキスト（とくに、若い成人向けのフィクションとノンフィクション）の提案が提示されることがあります。

❹テキストセットに一連のジャンルを含めることを忘れないように、一次資料や記事などの項目を一覧表示することを検討します。

❺生徒、同僚教師、保護者、またはコミュニティー全体がこのテキストセット作成に参加するかどうか、またそうである場合は、そこに入れる項目についてどのような基準を設定す

るかについて、その取り込み状況を管理する方法を決定します。たとえば、あるアイテムは貸出のみなのか、あるアイテムはセットに寄付されるのかといったようにです。テキストセットを担当する生徒チームをつくることを検討してください。

❻どのような場面（生徒が個別でひたすら読むとき、誰もが読む義務があるリストとして、探究のために計画した活動をサポートするためなど）にテキストセットを使うのが最善かを話し合います。

❼テキストセットを使用して協働的な活動をデザインします。たとえば、生徒にペアで作業させて本の内容を互いに共有したり、一次資料を紹介したり、テーマの主要なウェブサイトを使いながら「鍵となる問い」に答えたり、工芸品の大切さについて話し合ったりすることなどが考えられます。

クラスでは……

❽一般的な教科書に見られるよりも多くの情報を提供することによって、どのようにテキス

（6）『だれもが〈科学者〉になれる！——探究力を育む理科の授業』の翻訳チームが、原書に紹介されている英語の文献では日本人には役に立たないと判断して、日本語のテキストセットを邦訳書で紹介しました。この作業が、まさにここに書かれていることに相当します

トセットを利用して、テーマの学習を深めることができるかについて生徒に話します。テキストセット内の各リソースを生徒に見せ、単元にとって重要である理由を説明します。また、生徒がテキストセットに慣れるのを助けるために以下の活動をしてみましょう。

・生徒を小グループに分け、各グループにテキストセットに何を追加したいかと尋ねます。
・追加された項目によって、このテーマに関してどのようにしたらもっと学べるかについて尋ねます。
・自分たちの考えをクラスの前で発表させます。

❾先の❼で述べたミーティングにおいて作成した活動を行います。その後、教科書だけではなく、複数の資料を使うことで学習がどのように向上したかについて生徒に尋ねます。

フォローアップのミーティングでは……

❿テキストセットに対する生徒の反応について話し合い、生徒がテキストセットに追加すればよいと考えたアイディアを記録します。共同活動に関する意見を共有し、それが次のレッスンのためにどのように改善できるかについて話し合います。

第8章

教科書をハックすることでワクワクする学びを実現する

ジョージア州ゲインズビルにあるサウスホール中学校内にある「ダ・ヴィンチ・アカデミー」の駐車場に入ると、長年にわたってたくさんの生徒を見てきた特徴のない建物があります。あなたが、そこで何かを発見するであろうと予見するものはありません。しかし、二重のガラス扉を開けて入ると、何かが起こる場所であることがすぐに分かります。

ジャングルの動物が鮮やかな色で手描きされた風景が最初にある教室の入り口を囲んでおり、看板が美術館ショップの方向を示しています。そして、ガラス張りのドアを入ると、パリから輸入されたような本物のカフェがあります。それらが、まず分かったことです。

私が見学したときは、理科の授業の一環として維持されている有機栽培の庭園のほか、ギリシャ神話の登場人物の生涯が男子用のトイレ（そして、小便器の上にも）に描かれていました。冗談ではなく、「アウト・オブ・アフリカ」という展示は、七年生が数週間にわたってすべての教科を統合する形で取り組んできたことを示しています。それには、次のようなものが含まれていました。

訪問者が、アフリカの病気と利用可能な予防接種について理解できる展示です。看護師に扮した生徒が、どのようなワクチンが利用可能で、どのように作用するのかについて説明してくれました。

ほかには、売れそうなハーブなどの商品売り場もありましたが、その一角には、アフリカの音楽と踊りを経験することができるWii[1]も置かれていました。それ以外にも、地元の骨董品店からの借り物で、本物の石棺と思われるものが置いてあり、ミイラ制作のプロセスについて詳しく説明されれば、とくに訪問者の人気になると思われる場所でした。

それぞれの展示は各分野の専門家になった生徒たちに任されており、訪問者や小学校の生徒たち、そして地域の人々が、指定された日であれば見学できるようになっています。生徒が制作したパンフレットが各展示で紹介されています。壁に貼られている説明書きは、生徒がそのテーマに関して行った研究を反映しています。また、これは現代的な博物館なので、訪問者は携帯でQRコードをスキャンすることもできます。

私はこのときの見学から、とくに地理学について多くのことを学び、セレンゲティはアフリカの一地域であり、国ではないことが分かって少し驚きました。アフリカの地理は私の得意分野ではないので、そこにいた生徒に多くの質問をしてしまいました。その生徒は、たった数週間ではなく、何年もこのテーマを研究していたかのように、私が尋ねたすべての質問に答えてくれたのです。

まもなく「アウト・オブ・アフリカ」は解体され、六年生の生徒たちは、「大きな困難を乗り越えて（Against All Odds）」に関する展示を準備します。彼らがテーマとしたのは、オーストラリアやカナダなどの自然災害（天候）と人為災害（環境問題）です。六年生を担当する教師全員が、あらゆる教科から学ぶべきことを、その探究と制作に織り込むように協力するということです。

「ダ・ヴィンチ・アカデミー」のシンディー・ホワイト先生は、博物館で展示物の調整をするほか、プロジェクトに興味がある生徒のための選択科目を教えています。理科教師である彼女は、いつも自分の教室で理科の制作物をつくっており、その考えを単純に学校全体に広めるようにしました。彼女はその博物館を「究極の学習センター」と呼んでおり、このような博物館は、「やる気があればどの学校でもできる」と言っています。

（1）任天堂のゲーム機です。

……のように見える

最初に学校や教室に入ったときに、そこの生徒たちのエンゲイジメントのレベルが感じられると私はいつも思っていました。今回の訪問では、私の興味を間違いなく捉える要素がすぐに目に入ったので、これまでの経験からエンゲイジメントの高さを確信しました。教室から教室へ移動していくと、生徒だけでなく教師のエンゲイジメントも感じることができるのです。

たとえば、社会科の授業では、メリッサ・マドセン先生の生徒たちがさまざまな色の粘土生地(Clay Dough)を使って多くの国を表し、アフリカの地図を作成していました。印刷された地図は、地元のピザ会社から寄付された箱の中に糊付けされていたので、安全に積み重ねることができました。

私が教室に入っていったとき、生徒たちはまったく気づきませんでした。彼らは、プロジェクトを完成させるために教師から提示されたやり方に従って、小グループで夢中で活動していたのです。そのときは、アフリカの国を選んで、ウェブクエスト(2)を使って核となる知識を身につけるようにと、マドセン先生が生徒に説明していました。

その後、生徒は教室の壁画、電子壁画、マルチメディアの公共サービスの告知、および

i-Movie[3]など、さまざまなメディアを使って自分たちの調査結果を発表します。彼らはまた、「ソクラテス・サークル[4]」に参加し、そこで「アフリカの森林伐採に対する解決策は何か?」というような大きな問題について議論します。

マドセン先生に、「このような単元を考えるのにどれくらいの時間を要したのですか?」と私は尋ねました。

「最初、これらのプロジェクトには時間がかかりますが、いったんできあがれば、あとはその授業を改善し、続けるだけです」

彼女はほかの教師と協力して、できるだけ教科統合の形で授業を行っています。彼女が教えている生徒たちは、今年、中東に焦点を当てたいくつかの単元に取り組みました。その単元では、生徒が国を選んで、その国の水問題を研究し、その国のための活動家として水サミットに参加しています。サミット中に、代表者たちは自国の主要な水問題について概説し、かぎられた水を利用している人々について議論し、他国に問いを投げかけ、解決策を提案しました。

---

(2) インターネット上にある情報を利用して行う探究活動です。
(3) アップルが開発したビデオ編集ソフトウェアです。
(4) ソクラテス・セミナーと言われる、生徒たちが輪になって行われる話し合い形式の授業です。http://innadeshikoway.com/?p=6513では、動画つきでやり方が説明されています。

教師はというと、ファシリテーターとして振る舞い、衣装やアクセント（話し方）を交えたロールプレイによって、生徒がやり取りのできるように見守っていました。イスラエルとヨルダンがとくに魅力的なやり取りができていた、と彼女は感じていました。

マドセン先生の単元は、教育委員会のカリキュラムの枠組みと州の基準を遵守していますが、すべての教師と同じく、時々その進度が遅れていると感じています。

「すべての授業にプロジェクトやシミュレーションを含められるわけではないことは認識しています。しかし、それぞれの概念やスタンダードを達成する活動を行うだけの十分な時間がありません。簡単なパワーポイントのプレゼンテーションと短い講義を使って授業をすることもできますが、生徒は体験学習のほうがはるかによく学ぶことができるので、プロジェクト学習やプロブレム（実際の問題を解決する）学習(5)を含めるように単元を開発しています」

私は教室から教室へと移動して回りましたが、これが学校全体の教え方の原則になっていることが分かりました。理科の授業では、サラ・アトウィル先生がつかみにくい普通のホットドッグ、撹拌機、短いパイプ、水差し、そして小腸を表す柔軟な長いチューブで消化過程をモデル化して演示する様子を生徒が見ていました。その後、グループになって、全体のプロセスが「かなりぞっとする」ものであると言いながら、人体に関する正しい語彙を表に記入していました。

私がもっとも興味をもったのは、生徒が尋ねた質問から分かった本質的な動機でした。「膵臓《すいぞう》はどんな機能をもっているか、もう一度言ってくれませんか?」と、ある生徒が教師に尋ねたのです。しかし、教師が答える前に、グループの別の生徒が、自身のその役割を思い出して答えたのです。

アトウィル先生と話したとき、印刷された教科書はあまり使わず、ディジタル教科書でウェブ検索をするのが好きだ、と彼女は言っていました。

「ディジタル教科書は適切なリンク先を提供しています。出版社は、人体に関するウェブサイトを、たとえば一〇〇万のなかから約一〇個に絞り込んでくれています」

数学でも、同じタイプの学習を私は観察しました。そこでは、生徒がボードに貼られた「不規則な物体の表面積や体積をどうやって測ったらよいのですか?」という問いに答えるためにコンピューターを使っていました。レイ・ハスコック先生は、生徒の質問に答えながら教室を動き回り、若い数学者である生徒たちがより深く学べるように励ましていました。

一人の生徒が「僕はいくつの問題を解かなければならないのですか?」と尋ねました。ハスコック先生は、「あなたはいくつ解いたのですか?」という形で応答しました。

(5) 両方ともPBLです。前者はProject-based Learning。後者はProblem-based Learning。前者には『学びの情熱を呼び覚ますプロジェクト・ベース学習』と『子どもの心といきいきとかかわりあう—プロジェクト・アプローチ』が、後者には『PBL　学びの可能性をひらく授業づくり』がおすすめです。

「三つです」

「あと二、三個やってみてください。すでに解いたものよりも難しそうな問題に挑戦してみてください」

「はい」と生徒は答えて、自分のコンピューターに戻りました。

数学は教科書に頼ることが多い教科なので、授業での教科書の使い方についてハスコック先生に尋ねてみました。すると彼は、「決められたスタンダードに従いますが、それらを圧縮して教えるために、あくまでもガイドとしてだけ使います」と答えたあと、次のように続けました。

「私の目標は、生徒に公式を暗記させるのではなく、そのプロセスを経験してもらうことです。現実世界の問題を解決するのに、そうした情報を利用してほしいのです。生徒が教科書を使って何かを調べたり、アイディアを得たりしたりすることはできるかもしれませんが、彼らは、教科書どおりにすべてをやるわけではありません」

私が話をしたすべての教師は、教科書の使用に関して同じことを言っていました。**教科書は、授業を構成する膨大な資料のなかの単なる一つのリソースである**、ということです。

一つの教室には教師版の教科書のコピーがいくつかありましたが、生徒版はありませんでした。別のクラスでは、教室の図書コーナーにいくつかの生徒版がありました。理科の授業では時々デイジタル教科書が使われており、国語の教師は、時々生徒に教科書に書かれている短い物語を読ませていました。

このような学習環境をつくり出すためには、もちろん教科書が少ないこともありますが、問題を解決し、本当に存在する状況設定で学習を展開するために、生徒たちがあらゆる情報を統合して理解を深める必要があります。ダーリング・ハモンド（一三ページ参照）が言うように、「二一世紀の生徒は、彼らが今受けているよりも各教科の核となる概念をより深く理解する必要があります。さらに、生徒は自分の学びをデザインし、評価し、そして管理する必要もあります。生徒は多様な情報リソースとディジタルツールを使って問題を構築し、探究し、解決する必要がある」［参考文献28］のです。

このような理想に向かって進んでいる学校を分析する調査において、いくつかの共通点を発見しています。

伝達から探究へ

伝達モデルでは、教師と教科書は知識の受け皿と見なされています。教師は、生徒が知る必要があると思われるものを決定し、それからコンピューターにファイルをダウンロードするように、直接その情報を生徒に伝えるのです。以前よりも魅力的なメディアがありますが、たとえパワーポイントを利用したとしても講義に変わりはありません。
受動的な学習は、依然として受動的な学習のままなのです。残念ながら、この種の伝達の目的は、生徒がテストに合格したり、教師がスタンダードをカバーしたり、教科書の内容をこなしたりすることです。生徒が主体的に学ぶことはありません。

探究学習

多様なテキストを活用する学校の特徴である探究学習、またはプロブレム学習（ＰＢＬ）のモデルは、前述の伝達アプローチとは反対の見方をしています。好奇心という普遍的な現象をフル活用し、学ぶ目的と理由をつくり出します。それは本物の成果を生み出すので、生徒は真に知りたいと考え、学習に深く取り組みながら学ぶことになります。

「ダ・ヴィンチ・アカデミー」では、国語の教師がオンラインのブッククラブを組織していました。そこでは、異なるクラスの生徒が自分の読んでいる本についてブログを書いています。教師は、一冊当たり二回の昼食を食べながら、対面式のブッククラブを開催します。そこで生徒は、教師によって提起された質問について話し合います。たとえば、七年生のクラスでディストピア(6)に関する本を読んだときの質問は、「ディストピアでは何がおかしくなりますか？」でした。

ノースカロライナ州チャペルヒルにあるラシキス小学校のクリスティー・コセット先生は、四年生がシリアルに必要な栄養処方を開発することによって、どのようにして独自のシリアル用の箱を（合科の単元のために）(7) つくり出すのかということについて説明をしていました。「教科書を開かせて、そこに書いてあるものを順番にこなしていく代わりに、教科書の情報をサポートする活動をしています。シリアルのケースでは、生徒はシリアルの栄養情報の割合を作成するために割合を計算し、小数を使用する必要が出てきます」

これらの活動から生み出される内発的な動機づけ（生徒の内から湧き出る意欲）が生徒に、読み、話し、考え続けさせることになります。

確かに、二一世紀の学びを構成する要素であるこのタイプの教育は、全国的に広まりを見せています。探究／プロブレム学習について本を著しているジョン・バレル（John Barell）は、以下のようにこのアプローチについて説明をしています。

> 生徒によって理解されるべき主要な概念を具体化する複雑な「構造化されていない」問題を中心に据えて、教師が全体の単元を設計し、カリキュラム全体を見直すことになります。

（6）反理想郷。暗黒世界。また、そのような世界を描いた作品のことです。

（7）欧米で、とくに朝食用としてとても人気のある穀類加工食品で、牛乳ないしヨーグルトをかけて食べます。

「構造化されていない」または「不明確な」とは、地球の汚染や飢餓の問題など一つの正解を導き出すのには向いておらず、複雑で混乱していて、現実にある本物の問題のことです。(8)
[参考文献9]

探究学習に取り組むたくさんのモデルがありますが、簡潔で実行可能なプロセスのモデル(9)を作成している研究者もいます。

- **熱中する**——好奇心を呼び起こし、背景を築き、テーマを見つけ、不思議に思う。
- **探究する**——質問を考え、情報を検索し、答えを発見する。
- **合体する**——研究を強化し、情報を統合し、そして知識をつくり出す。
- **発表する**——学習を共有し、理解を示し、行動を起こす。[参考文献57]

明らかに、教科書のある章から次の章に移動するときに探究に取り組むことは不可能です。しかしながら、教科書の情報をほかの情報源と一緒に使うことが探究プロジェクトの基礎を間違いなくつくります。そのようなアクティブ・ラーニングの支持者は、探究学習と生徒中心のプロジェクトを明確に区別します。この区別について、次のように説明している研究者もいます。

「探究にふさわしいものとなるためには、プロジェクトは教科的な理解のうえに成り立っていいな

ければならない」［参考文献125］

「ダ・ヴィンチ・アカデミー」の校長であるポウラ・スタブス先生に、「生徒たちは、この体験的なアプローチにうまく反応していますね」と話したとき、彼女は「生徒は、このタイプの学習を『マインズ・オン（頭を働かせる）』と好んで呼ぶのです」と言いました。そして彼女は、「私がその言葉をつくったのではありませんが、私たちが目指すものです。私たちは、生徒たちにハンズ・オン（手やからだを動かす）だけではなく、頭を使って考えてほしいのです」と付け加えていました。

また、テレサ・ヘイモア先生の国語の授業では、生徒が巡回博物館用の箱をつくったとき、彼らは単にそのテーマに関連するものを探し回って箱に入れたり、アート・プロジェクトにすぎないジオラマをつくっただけではありませんでした。インドの代表的な建築物である「タージ・マハル」の話を読んで、その箱をつくった二人の女子生徒と話をしました。彼女らがそのテーマに興味をもつようになったわけや、それを調べたときに何を知りたかったのかについてです。また、

（8）「構造化されていない」問題を中心に据えたユニットないしカリキュラム開発について詳しくは、『PBL～学びの可能性をひらく授業づくり』を参照してください。

（9）ここで紹介されているものと同じモデルが、『だれもが〈科学者〉になれる！』で詳しく紹介されています。このプロセス／サイクルは、算数・数学の問題解決にも、国語の読み・書きにも、社会科の探究にも使えます。

このプロジェクトは、みんながインドに関することと同じように「タージ・マハル」について理解するのに役立つことを説明してくれました。

彼女らは箱の中に、「タージ・マハル」について自分たちで書いた短編小説、インドについて書いた詩、そしてMixbook（www.mixbook.com/edu）(10)を使って二人で書いた絵本を入れました。それ以外にも、フィクションとノンフィクション、建物の模型、そして大きな木箱の内側と外側にインド文化を示す写真も入れました。この箱を見せる相手は、自分たちの学年だけではありません。彼女たちは、インドのことを勉強しているほかの学校の生徒も対象にしていたのです。

プロジェクト学習

現実にある問題を中心に据えた探究学習ないしプロブレム学習と同じく、プロジェクト学習も伝統的な学校や「教科書のない」学校で人気が高まっています。プロジェクト学習の場合、新しい情報を調べたり学んだりするのは、成果物（やプレゼンテーション）をつくり出すためという理由で取り組みます。

たとえば、インディアナポリスのベン・デイビス高校では、すべての教師がプロジェクト学習に取り組んでおり、各学期に少なくとも一つのプロジェクトを円滑に進めることが求められています。彼らはコンテンツ・スタンダード（要するに、日本の学習指導要領）から出発して、プロジェクトが、クリティカル・シンキング、問題解決、コラボレーション（協働）、コミュニケーションのスキルを必要とすることを確認します。

生徒を惹きつける問いがこの学習モデルの中核であり、生徒は何か新しいことを考え、異なる解釈を提示して、成果物を作成しなければなりません。プロジェクトは、多くの学校において卒業時に必要となる「卒業プロジェクト」によく似ていますが、コミュニティーのメンバーやその分野の専門家で構成されるパネラーまたは本物の聴衆に向けて発表されます。

教育委員会のPBLディレクターであるスティーヴン・ルーザー（Steven Loser）は、ベン・デイビス高校の教師はこのモデルを実施するさまざまな段階にあると言います。三〇〇〇人以上の生徒がいる学校では、それは当然のことです。予想どおり、教科書はプロジェクトの多くの資料のうちの一つとして使われていました。

プロジェクト学習は、シンガポールでも一般的となっています。次のように報告されている研究書もあります。

「（生徒は）学校のエコガーデンで植物、動物、昆虫を研究します。彼らは自分たちのリサイク

（10）撮影した写真のアルバムを作成するフォト・ブックサービスです。

ルセンターを運営し、彼らが運営するインターネットラジオ番組のために台本を書いて編集します。彼らは、ゲーム機でゲームをし、定量的能力を伸ばす数学モデルを作成しています」［参考文献27］

プロジェクト学習は、高成果を上げているフィンランドでは標準的な学び方の一つとなっています。フィンランドの学校制度を詳しく調べている研究者によると、高校の理科授業では、知識を覚える代わりに心臓を解剖したり、自分の血液型を検査したりするなどのプロジェクトを行うという形で生徒が能動的に学んでいるということです［参考文献100］。

それにしても、なぜこのようなタイプの学習へと移行しているのでしょうか？　一つの理由は、問題解決を目指すカリキュラムで学んでいる生徒のほうが、標準化されたテストとパフォーマンス評価の両方で高得点を収めているという研究報告が多いからかもしれません［参考文献10］。そして、これらのアプローチを取り入れている学校では、生徒たちが熱心に取り組み、深い学びを示しています。

生徒の協働性

教科書のなかには協働の学びを奨励するものもありますが、問いや活動のほとんどは、学ぶことへの伝達アプローチに分類されます。協働（ないし協同）は、学校で常に行われていることからはみ出した特殊な活動としてまだ見なされています。通常、教師によって与えられる成績のために生徒は協働作業に参加するように指示され、その後、問いを読んで答えるという従来のモデルに戻っています。

これとは対照的に、協働が成功していることは次のような様子から明らかです。

・生徒は、話し合いに貢献すると同時に応答者として参加している。
・発言は、バラバラな多くの会話ではなく、コーディネートされた形で行われている。
・生徒は集中して取り組んでいる。
・生徒の視線や身体の動きが集中していることを表している。［参考文献10］

教科書をあくまでも資料の一つとして使う学校では、生徒の協働ということがほとんどの学習の根底にあります。私が訪れたほぼすべての学校では、生徒が小さな群れのようになる[11]か、テーブルごとに座っている様子を観察しています。彼らは一緒に活動し、一緒にプロジェクトを行い、

（11）これは、小学校で教室の一か所にミニ・レッスンを受けるために座るような場面のことを指しています。たとえば、https://www.youtube.com/watch?v=XuRehPVLWac を参照してください。

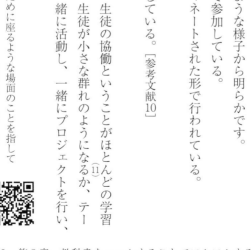

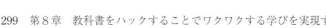

一緒にテクノロジーを使用して、一緒に学ぶのです。

将来の学校は、そのような協働の学びを促進するように設計され、建てられることでしょう。「ダ・ヴィンチ・アカデミー」のメーガン・ルイス先生が教える六年生の国語クラスでは、机とテーブルがソファーと快適な布地の折り畳み椅子に置き換えられました。一つの広い区域ではなく、ルイス先生の教室は三つの小さい部屋で構成されています。生徒は異なる部屋に集まって読書をし、ブッククラブのために配置を変え、ミニ・レッスンとクラス全体の共有のために青い部屋に集まります。

私が観察した授業はいろいろな意味で興味深いものでしたが、生徒たちがさまざまなグループに出入りして、すぐに活動に取り掛かるような巧妙さに魅了されてしまいました。あるケースでは、クラス全体での共有の前に、短編小説の登場人物に関する類似点について各グループで話し合うのに五分しかかかりませんでした。共有セッションの間に彼らがまとめた人物リストは詳細で、考えさせられるものでしたから、彼らが理解していたことは明らかでした。

アメリカ学術研究推進会議（二六八ページ参照）は、そのようなコミュニティー中心の教室に関する実質的な利点を、『授業を変える――認知心理学のさらなる挑戦』［参考文献90］という本のなかで次のように説明しています。

「（教室の外で）個人が互いに関わりあい、スキルと専門的知識をもった人に問いかけて、周辺環境のなかに存在する利用可能な資源とツールを使うことで、多くの学習と問題解決が起こっているのです」

認知科学という分野の用語である「分散された認知」は、ルイス先生の教え方のアプローチによって証明されているように、教室の中でも起こすことができます。一一か国に上る一万七〇〇〇人の青年を対象とした八〇年以上にわたる研究では、競争的または個々ではなく協調的に生徒たちが学びに取り組むとき、より高い達成とより積極的な信頼関係があることが示されています［参考文献105］。

尊敬と信頼関係

探究する学校のもっとも重要な側面の一つは、生徒が見かけだけのグループワークをするのではなく、協働してスキルを学んで身につけるということです。彼らは仲間の貢献を大切にし、溝を埋めるためにお互いを頼りにしています。私が学校新聞のスポンサーをしていたとき、信頼関係と尊敬が組み込まれた協働がどのように育まれるかについて直接目にしたことがあります。生徒たちは、調査する目的をもち、取材、執筆、写真の撮影、そして調査という目標を達成するために協力しあっていたのです。

彼らが常にそうするわけではありませんが（実際、私はいくつかの迫力のある知的な議論を目の当たりにしました）、本当にお互いの貢献に敬意を払っており、尊敬すべき態度で互いから学び合う方法を学んでいました。また彼らは、成果物を素晴らしいものにするために、仲間の価値を理解し、自分の役割を果たすことで互いに信頼しあっていました。後日、そのときの生徒が連絡してきて、「新聞作成のスタッフの間に生まれた関係が今でも続いている」と言ったとき、私は当然だろうと思い、驚きませんでした。

前述した六年生の国語クラスでは、教師とのカンファレンスを必要とした生徒の名前をリストに載せています。ルイス先生はそのリストのなかから一人ずつ呼び出して、カンファレンス用のテーブルで静かに話します。

私が「そのカンファレンスに同席してよいか」とルイス先生に尋ねると、彼女はすぐに生徒のほうを向いて、「同席してよいか？」と尋ねていました。最初に私自身が生徒に尋ねればよかったのですが、古い習慣はなかなか変わりません。

このような他者の働きかけに対する心からの尊敬が、その学校の質を決めていると感じました。学びは、教師ではなく生徒のものです。そして、その認識が、学びをつくり出している過程に対する誇りを高めていました。

信頼を促進する

探究のアプローチをはじめた学校では、「ガムをかまない」、「帽子を被らない」、「準備をして教室に来る」など、これまで生徒ができたり、できなかったりした指示事項を示すポスターなどが壁に掲示されることがなくなりました。確かに、「おしゃべりをしない」というポスターもありませんでした。ルールが掲示されている場合も、生徒によって作成されたものであり、教室によって異なりました。

また私は、生徒の机の上に水が入ったボトルを見ています。彼らが学ぶとき、私たちと同じように、喉が渇いたときにはひと口水を飲めばよく学べるという教師の了解事項をそのボトルで確認しました。民主主義と人権尊重の意識は明白なものでした。

私が訪問した、教科書を資料として使っている学校で驚いたことがあります。いくつかの建物は古く、何年もそのままという状態が続いているにもかかわらず、整然とした状態になっていました。

フロリダ州南部の社会経済的に恵まれないコミュニティーに位置するある大きな高校では、敷地内にゴミがなく、生徒用のトイレに落書きがなかったのです。校長に、「なぜ、生徒が学校をとても大切にしているのか」と尋ねたところ、「生徒たちは、自分たちのものに傷をつけません」という簡単な答えが返ってきました。

実際、自分たちのものであるという生徒の意識を信頼する根拠が教師にありました。屋外のランチテーブル、合科的なプロジェクトを進める際に許可証なしに教室を移動することや、サービス・ラーニングのプロジェクト[12]では、生徒がそのプロセスを決めていること、また壁や天井には生徒が描いた壁画がありました。

この高校とは対照的に、「私たちはあなた方が正しいことをするとは考えていませんし、そのようなチャンスを与えるつもりもありません」というメッセージがうかがえる大規模な都市部の高校を訪問したこともあります。警察官たちが入り口のドアに立ち、入校時に金属探知機を使って生徒を調べ、教師が作成した厳格な規則が生徒に課され、施錠をするという環境が建物全体に浸透していました。この学校の生徒は、信頼を得る機会もありませんし、与えられることもありません。

フィンランドの学校に関する新聞記事のなかで、記者であるダン・ラザー（Dan Rather）がインタビューした管理職の一人は、彼らの成功の重要な要素が「信頼」であると述べていました。つまり、教育委員会は校長を「信頼」し、校長は教職員を「信頼」し、教職員は生徒を「信頼」し、生徒はお互いを「信頼」しているということです。

興味深いことに、「ダ・ヴィンチ・アカデミー」のスタブス校長に、「探究学習に取り掛かりたいと思っている学校の管理職へのアドバイスは？」と尋ねたところ、彼女が発した最初の反応は「教師を『信頼』する」でした。偶然の一致ですが、私の経験では、学校が教科書との結びつきを緩めると予期せぬ「信頼」の要素が浮かび上がってきて、自己完結的な予言のように不思議なことが起こりはじめるのです。

教師のコミュニティー

教科書を資料の一つとしてのみ使用している学校で教える教師のもう一つの特徴は、さまざまな情報源からレッスンを作成するときに教師同士が頼りあうようになるため、彼らが強いコミュニティーを形成しているということです。「ダ・ヴィンチ・アカデミー」のあるサウスホール中学校では、副校長兼理科コーチのケント・タウンリー先生が、これまで見たなかでもっとも優れたプロ教師として、六年生を担当する理科教師たちによって構築された人間関係について説明をしてくれました。

---

(12) 二九六ページのプロジェクトと同じで、地域への奉仕と学びを統合したプロジェクトのことです。

「このコラボレーションの結果、彼らは今や週末に家族同伴で過ごすほど、強い結束をもったコミュニティーになりました」

このような強い絆は、六年生の理科授業を毎日計画し、組織し、そして責任を分かちあうという、彼ら共通の目的があってこそ生まれたものです。

「間違いなく彼らは、あるがままの生徒を受け入れることから出発しています。そして、**授業を生徒のレベルに合わせて取り組めるようにし、生徒の多様なニーズを満たすことを目的として、柔軟であり続けるために時間を費やしています**(13)」

タウンリー先生は彼らの仕事のやり方を「前倒し方式」と呼び、初年度はその作業がかなり集中的であることを指摘しました。しかし、その後は、教師が前年までのものを踏まえながら追加資料を集めて授業プランを作成するので徐々に楽になります。

「ダ・ヴィンチ・アカデミー」のテレサ・ヘイモア先生（二九五ページ参照）は、別の学校に通う七年生の国語教師と協働作業することに多くの時間を費やすと言います。彼女らは協力して、移動可能な博物館のようなプロジェクトのためのアイディアとブッククラブに適した概念を考え出しました。さらに彼女らは、互いの生徒を一緒に活動させる方法を見つけ出しました。肥沃な畑と同じように、協働は常にいい結果を生み出すことになります。

学校は、授業をデザインし、リソースを共有し、そしてお互いから学ぶために、教師が一緒に授業を計画するための時間を提供することに本気で取り組まなければなりません。そのような時間が割り当てられていない学校では、欲求不満と憤りがイノベーションとの相乗効果に取って代わることになります。

すべての教師がプロジェクト学習を促進するベン・デイビス高校では、計画のために毎週一時間が教師に与えられています。ラシキス小学校では、協働するための計画の時間に加えて、月一回二時間が与えられており、教師はそれに感謝していますが、それでも時間が足りないというのが本音なのです。また、サウスホール中学校では、教師が一緒に計画するために毎週少なくとも一時間を提供しています。学校の読み・書きのコーチであるペイジ・バグウェル先生が次のように述べていました。

「州の基準と枠組みに準拠した単元を開発し、カリキュラムをつくり、評価計画を作成しています」

高い成果を挙げている国々では、学校は年間を通して七〜一五日を教員研修に割り当てており、「教師には、生徒と教科にかかわることを一緒に計画し、問題解決するために」週に五〜一〇時

(13) この生徒「一人ひとりの生徒に対応する教え方」については、『ようこそ、一人ひとりをいかす教室へ』を参照してください。

間を提供しています［参考文献27］。これらの時間は、個々の計画時間に追加されたものとなっています。

これまでの章で述べたように、生徒の協働はエンゲイジメント（取り組みレベル）の向上と同時に、パフォーマンスの向上につながります。そして、多くの研究者が、**教師の協働こそが生徒の学びのレベルを引き上げる、成功した学校の最重要となる要素だと認識しています**［参考文献27］。

コーチとしての教師

探究学習に興味をもつのは、授業で起こるすべてのことを管理しようと思わないで、リスクを取ることをよしとする教師です。そのような人は、ファシリテーターになる方法を知っていて、自分自身を学習者と考えて、自らのエゴにも邪魔させません。多くの場合、そのような教師は生まれつきのコーチ／励まし手であり、進捗状況を検証しながら生徒をより深く学ばせることができます。

これらの教師は、何かを要求するのではなく問いかけ、講義ではなくモデルで示し、直接指示するのではなく、ともに学びに参加します。また、彼らが小グループの生徒に教えるとき、命令

表8－1　「問いかけ」の例

・どう思いますか？
・～について説明できますか？
・～を試してみませんか？
・～を覚えていますか？
・もし～だったら、どうなりますか？
・なぜ、あなたは～しましたか？
・何を知りたいのですか？
・ほかに何を含めるべきですか？
・ほかのやり方はありますか？
・（ほかの生徒に）どのようにしたのか教えてもらえますか？(＊)

（＊）　これら以外の教師の問いかけ／投げかけ方に関心のある方は、『言葉を選ぶ、授業が変わる！』と『オープニング・マインド』がとても参考になります。

するよりも「問いかけ」を多く使う傾向があることを発見しました。**表8－1**で紹介するのは、これらの教師コーチが使う言葉の例です。

ブルーリッジ小学校のケイト・ジョージ先生は、「イケてる子どもたちが育てる（Cool Kids Grow）」というガーデンクラブを学校に設立しました。ジョージ先生は、水循環について話せる環境問題の専門家を外部講師として今月のミーティングに招きます、と発表しました。

土壌を専門とする科学者であるジョージ先生の夫も、メンバーがつくる予定のテラリウムに入れる土について話をするためにやって来ました。生徒が講師の話に耳を傾けたあと、グループをつくり、教師は彼らの間を回りながらテラリウムに関してサポートを提供し、何が役立つかを指摘し、特定の植物を植える目的を説明したあと、生徒に「どう思いますか？」と尋ねています。

先生は、生徒たちの質問を引き出して、理由を尋ねたり、知識の構築を促したりするように導いていますので、彼らを学習の輪の中に取り込むのがとても上手です。学習コーチとして彼女は、生徒が新しく学んだことを使って自らを科学者に転換させることをサポートしているのです。

「情報伝達型モデル」から脱却している教師たちに、協働学習者として教師自身の役割を変えることを提案している研究者もいます。その役割を説明するとき、旅をたとえにして次のような表現をしています。

「教師と生徒は、教科の理解に向けて協働の旅をします。正確な目的地は不明ですが、行程表と資料が重視され、その過程でナビゲーションの方法について学びます。教え方は（権威主義的ではなく）信頼できて、参加型、協働的です。教師は、メンターおよびガイドとしての役割を果たします」［参考文献125］

教科書から解放された学校の利点

教科書をたくさんある資料の一つとして位置づけている学校では、生徒に対する期待が異なると言っても過言ではないでしょう。私たちはみんな、生徒に深く学び、クリティカルに考え、さまざまな状況で新しい学習を応用し、問題を解決し、市民としての責任を身につけさせたいと考えています。しかし、教科書に縛られた方法で教育を受けた生徒は、とくに他者と協力して創造的に問題に取り組むことが期待される二一世紀においては、重大かつ長期にわたる不利益に直面していると言わざるを得ません。

生徒がクリティカルな読み手となる

さまざまなリソース（資料）を提供する学校は、生徒に懐疑的な読み手、書き手、そして聞き手になることを教えます。「ダ・ヴィンチ・アカデミー」のポウラ・スタブス校長は、生徒たちは**すべてのことに**疑問を投げかけるように教えられている、と述べました（彼女による強調）。一方、テレサ・ヘイモア先生は、教師が提示した資料の正確さに疑問を抱くようなプロジェクトに数日間費やしたあとで、「ここで学んだことは本物ではない」と不満をもった生徒に対して笑わざるを得なかった、と言っていました。

ヘイモア先生は、生徒が自分の情報源を信頼できるかどうかを判断するのに役立つ「信頼性計測器」として開発した一連の質問について説明をしました。私が生徒の作品を読んでいたとき、何人かの生徒が計測器を使ってその情報源をチェックしたと保証してくれました。このような学校はさまざまな情報源を使用していますので、新しい方法でテキストについて考えるように生徒に教えています。一方、教科書だけを使っている教師は、そのようなスキルを取り入れる必要性を感じません。事実をチェックする人がすでにやってくれているからです。

教科書会社は、さまざまな視点から生徒が学べるようにするために必要となるリスクを取ることに消極的です。ヘイモア先生は、国語の授業で行ったものですが、生徒が三つの異なる観点から「イスラエル－パレスチナ紛争」について読み解くプロジェクトについて説明をしてくれました。そのうちの一冊、『ぼくたちの砦』〔参考文献66〕はパレスチナの観点から語られたものです。別の本、『目のまばたき』（未邦訳）〔参考文献30〕はキリスト教の観点から書かれたものです。そして三番目の『ガザの海の瓶』〔参考文献129〕は、紛争をバランスよく扱っていました。

生徒は、同じテーマに関する本が著者の見方によって大きく異なることを発見し、そのような見方が読者にどのような影響を与えるかについて、有意義な議論に参加することができました。

生徒は自立した学び手になる

探究（プロブレム）、プロジェクト、そして複数のテキストを通して学ぶ生徒は、より自立するようになります。ほかの選択肢がないため、生徒たちは学習に対して責任を負うしかないことをすぐに理解します。私が訪問した学校では、生徒たちはそれを喜んでしていました。実際、何人かの生徒は知識の獲得にとても熱心になり、学んだことを訪問者と共有することを熱望し、学習を通して達成したことに対して明らかに誇りをもっていました。

ほかの訪問先では、このような授業とは異なり、教科書を机の上に開いて生徒がおとなしく座っていました。多くの場合、そのようなクラスの生徒は、自分の意見を聞かれたときに驚いたような顔をして、すぐに答えを探すために教科書を見るのです。

多様な情報源を使った学習に取り組む学校のもう一つの特徴は、生徒が問題について自分の意見を述べ、その立場を裏付ける証拠を見つけ、それを明確に伝えるように奨励されていることです。たとえば、「ダ・ヴィンチ・アカデミー」における国語の授業では、生徒は頭字語を辞書に入れるかどうかを判断して、それを主張しなければなりませんでした。

一方、社会科を教えるマドセン先生の授業では、ヴェトナム戦争を学んだあとに生徒は、記者、徴兵拒否者、ヒッピー、科学者、タカ派、ハト派などの役割をもつカードをもらっていました。彼らはその役柄を研究し、その人が戦争について抱くと思われる見方を説明し、その立場を擁護しなければなりませんでした。このようなミニ・プロジェクトは、生徒の自立心を育てると同時に自己効力感も高めることになります。

生徒は教科の枠を超えた授業から学ぶ

教科書をたくさんの資料の一つとして使う学校は、教科横断的な連携をとる傾向があります。教師は単一の教科書に頼る必要がないので、自分の教科以外のチームとも率先して仕事をするようになります。当初、ベン・デイビス高校の教師たちは、自分が担当する教科内のプロジェクトで活動していましたが、多くの教師がプロジェクトの幅を広げるために他教科とも協力しはじめています。

知識は、「理科」、「社会」、「国語」、「算数・数学」などというラベルの付いたパッケージでもたらされるものではありません。しかし、教科書は、そのような方法で情報を捉えてつくられています。

たとえば、『動物農場』〔参考文献95〕を読む九年生は、小説の意味をくみ取るためにロシア革命を理解する必要があります。これは、『アンネの日記』〔参考文献42〕を読むために、ホロコーストについての知識が必要なことと同じです。社会科と国語の授業を統合すること以上に、情報を提供するためのより良い方法はあるでしょうか？

かつて、数学と国語を協力して教えていた二人の先生に会ったことがあります。彼らのパートナーシップがもし中止となったら、「教えることをやめるだろう」と言っていました。彼らは「一緒に仕事をすることが大好きだ」と言っていましたが、より重要なことは、別々に学習課題を教えるときよりも、チームを組んで教えるほうが生徒ははるかによく学べていると彼らが感じていたことです。

移行する方法

教科書中心のカリキュラムから多様なリソースを使うカリキュラムへの移行には、計画とビジョンが必要です。ほとんどの学校や学校内の特別プログラムは、移行に成功した学校を訪問し、役立つ要素を見つけ、自分たちのやり方を見いだすといった努力をしています。

教職員の組み合わせ、生徒たちの構成、教育委員会、物理的な環境などは、言うまでもなくそれぞれ異なります。重要なことは、自分たちに役立つものを見つけることです。幸いなことに、ほかの試みとは異なり、この転換には多額の現金投資を必要としません。その代わりに、新しいマインドセットと変化にコミットする人々を必要としています。[14]

(14) この新しいマインドセットと変化へのコミットメントについては、『教育のプロがすすめるイノベーション』が参考になります。

理解のある校長を探す

探究学習に向かって歩みはじめる学校にとって、その考えに理解のある校長を見つけることが不可欠となります。「ダ・ヴィンチ・アカデミー」のポウラ・スタブス校長は、生徒が協力し、教師がファシリテーターやコーチの役割を担い、多様な情報源を使った一種のラボのようなやり方として「ワークショップ・アプローチ」を常に信じていました。[15]

彼女の核となる信念と経験によって、教科書に支配された授業を離れようとしている教師たちを支援しています。今でも、あなたが「ダ・ヴィンチ・アカデミー」を訪問すれば、彼女が授業の参加者として教室にいる姿を見ることができるでしょう。

彼女はたくさんの質問をします。「あなたがあの物語を使ったのは面白いと思いました」と、彼女は国語の先生に言いました。さらに彼女は、「あなたがそれを選んだ理由は何ですか?」と尋ねました。この質問は、決して批判的なものではありません。彼女はただ知りたいだけであり、教師も信頼できる味方のように彼女に対応していました。

だからといって、もし探究学習を推進するという学校の方針を受け入れず、努力を怠っている教師がいたときは、彼女はそれを許しません。「彼女は大きな期待を教師に寄せており、そのことをすべての教師が知っています」と、同学校のペイジ・バグウェル先生が校長について語っていました。

私がスタブス校長に、教職員が最初にその取り組みをはじめたときの不協和の程度を尋ねたところ、「それには、多くの問題を話す必要があります」と彼女は言いました。教師はそのような学校がどのようなものなのかと想像し、率直に自分たちが抱えている恐れ《い》について話し合っていました。そして彼らは、「**支えのあるなかでリスク**」を取ることと、指導的な役割を試みることを学んだのです。

スタブス校長はまた、一般的な従来の教員研修モデルに代わるものとして、生徒のニーズと強みに基づいてカスタマイズされた（特注でつくり出す）教員研修の重要性についても話し合ったと教えてくれました。このような学校の校長は教師の育成に積極的であり、ＰＬＣ[16]も型にはまったやり方をするのではなく、むしろニーズに応じて変化をする、カスタマイズされた学習コミュニティーをつくり出しています。

生徒のデータ（その大部分は非公式なもので、生徒の作品や教師の観察も含む）は教員研修で扱われ、校長は、教師がそれらのデータ（エビデンス／証拠）をもとにして自主的に判断することを認めています。**テストではなく、学ぶことが校長と学校全体の関心事なのです。**

---

(15)　このワークショップ・アプローチの教え方・学び方については、「作家の時間、オススメ図書」で参考文献が見つかります。

(16)　プロとして学び続ける教師集団のことです。このテーマのブログ「ＰＬＣ便り」があるのでご覧ください。

コミュニティーを巻き込む

教科書への依存を放棄した学校は、ほかの学校よりも地域社会を巻き込む傾向が強いです。その理由は、たくさんのリソースを集める必要があるからです。親の関与が伝統的に少ない学校でさえ、家族を学校文化の一部にする方法を見つけます。「ダ・ヴィンチ・アカデミー」では、地域住民と保護者が支援を求められることに慣れており、その支援には、博物館の売店の運営などの責任を引き受けるといった予期せぬことも含まれていました。

教師は、常にゲストスピーカーや特別な経験をもった人を探しています。たとえば、学校が庭園をつくるのを手伝ってくれる庭師や、道具を貸してくれたり、アドバイスをしてくれたりする各分野の専門家などです。法律のプログラムを設立したフロリダの学校では、地元の弁護士が法律図書館を提供し、地元の弁護士会のメンバーが生徒のチューターとしてついてくれたということもありました。

プロジェクト学習では、学校は学校関係者以外の聴衆を必要とし、地域のメンバーは経験を共有したいと願っています。生徒のプレゼンテーションを聞く審査委員として、または追加の援助を必要とする生徒のメンターとしての役割を果たしています。

すべての学校に多くの時間を費やしたり、多くの専門分野で貢献できたりする保護者ばかりがいるわけではありませんが、学校がサービス・ラーニングなどを通じて地域に入るようになるにつれて、地域が学校に貢献してくれる可能性は高くなります。

情報源を集める

「ダ・ヴィンチ・アカデミー」のペイジ・バグウェル先生は、単一の情報源としての教科書への依存をやめる際、「もっとも難しいことの一つがほかの情報源を見つけることだ」と述べていました。教師は、自分のカリキュラムに結びついている資料を常に求め続けています。とくに近年では、インターネットが貴重な情報源となっています。一部の教師の職場は、論文、本、資材を貯めておくために収納棚だらけのように見えることがありますが、それだけの価値はあります。バグウェル先生は、「そのような学校でもっとも優秀な教師は、整理整頓能力の高い人物である」と言っています。

「ダ・ヴィンチ・アカデミー」は近くの市立図書館[17]に頼っていますが、すぐれたメディア・センターと冷静なメディア・スペシャリストはとくにありがたい存在となっています。バグウェル先生によると、中学校のメディア・スペシャリスト（司書）は、さまざまなテーマのテキストセッ

(17) 欧米の学校図書館は、本の位置づけを下げて、コンピューターなどのメディアの位置づけを上げたことによって、二〇年ぐらい前から図書館や司書と呼べなくなっているところが少なくありません。

トをまとめたり、学習単元に関する書籍を提供したりすることが常に求められています。私がそこに行ったとき、図書館には小さなグループになって本を読んだり、ゲームをしている生徒たちとともに、教材を探すために立ち寄っている教師たちがいました。

ここで紹介したような学校の多くでは、クラスの生徒全員に同じ読み物を用意するといった授業は考えられないでしょう。小グループで読むことを中心に据えていますので、教材（場合によっては教科書も！）に利用できるお金は、同じタイトルを五部から一〇部コピーを取る費用に費やされています。

ラシキス小学校の図書館には、記事用ファイル、電子書籍、雑誌のほか、さまざまなフィクションやノンフィクションが置かれている広い閲覧室があります。クラス全体を対象にした指導から小グループをファシリテートすることへパラダイムが移行したので、ワークシート、配布資料、またはその他のクラスの資料をコピーする必要がもはやなくなっています。

ポウラ・スタブス校長が、「ダ・ヴィンチ・アカデミー」において節約したコピー経費は、「マインズ・オン（頭を働かせる）」学習を促進するために必要とされる教材を購入するために使われている、と述べていました。

未来へ向かって

本章で紹介したような学習が、近いうちに標準になると確信しています。グローバルレベルで競争したいなら、そして困難な課題を解決するために生徒が必要とする道具を提供したいと望むのなら、私たちに選択肢はないのです。ある課題について知ろうとして、そこにあるものすべてを学ぶことは、コード付き電話と有鉛ガソリンのような道をたどることになります。

かつて、一冊の本、あるいは一つの図書館に情報が収められていたように、情報をどこかに収容することはもはやできないのです。インターネットは、束縛を解体し、壁を吹き飛ばしました。大学生や新入社員は、情報の入手先、その使用方法、そしておそらくもっとも重要なこととして、問題解決や合理的な意思決定を下すために遠いところの人たちとも協力する方法を知っておく必要があります。

進化を続ける未来で生徒たちが成功できるように、利用可能なあらゆる資源を確実に提供することが教育者の義務となります。

訳者あとがき

「学校」という言葉から連想されるものとして、多くの人が「教科書」を第一に挙げるのではないでしょうか。ただ「教科書」には、一般的なイメージとして、退屈で面白くないという印象が伴うようです。

かつて中学校教師に成り立てのころは、私ももっぱら教科書に忠実な授業を繰り返していました。そのような教え方が変化したのは三〇代前半、六年間の「子ども科学館」での勤務を終えてからです。科学館での参加型展示品の制作経験などをもとにして、教科書の内容をカバーするだけの授業スタイルから脱皮して、「探究」を意識した授業づくりをするようになりました。そのとき、もし本書が手元にあれば、もっとよい授業づくりができたと思うほど、本書には「教科書をハックする（巧妙に改造し続ける）」ための方法が満載です。

その一部を挙げると、「読むこと」に関する第4章では、生徒が能動的な読み手となり、内容についての理解を深めるために、問いの立て方や話し合いの工夫などに関して、とても分かりやすく説明しています。

第5章「書くこと」においても、書く前に考えること（目的、題材選び、対象）→下書き→修正／編集→校正→出版／発表というライティング・ワークショップの基本形を大切にした手法が紹介されています。また、この章で取り上げられている「インタラクティブなノート」も生徒の学びを効果的にする方法だと言えます。

たとえば、理科の実験記録だけでなく、話し合いのなかで出てきた意見や資料の分析、授業の振り返りなど、まさに「対話的」な学びが展開されています。担当教師が「このノートは、生徒が使っているもっとも価値のある学習ツールの一つである」と述べるのは、まったくその通りだと言えます。

第6章の「評価」では、パフォーマンス評価やポートフォリオ評価によって、学びが生徒自身のものになるように工夫が凝らされていることが分かります。同時に、それは教師の教え方を改善することにもつながります。

また、アメリカでは、学校内に生徒たちの制作物を展示する校内博物館を置くという事例が散見されます。本書でも、第8章においてジョージア州にあるサウスホール中学校の次のような実践が紹介されています。

「アウト・オブ・アフリカ」という展示は、七年生が数週間にわたってすべての教科を統合する形で取り組んできたことを示しています。訪問者がアフリカの病気と利用可能な予防接種を理解できる展示もあります。看護師に扮した生徒は、どのようなワクチンが利用可能で、どのように作用するのかを説明してくれます。ほかの展示では、売れそうなハーブなどの商品の売り場もあり、その一角にはアフリカの音楽と踊りを経験することのできるゲーム機のWii が置いてありました。

このように、校内で生徒の学習成果物などを展示したり、地域の歴史や文化についてまとめた資料などを置くことで、それを起点とした学校・地域のコミュニティーづくりの場としても機能していることが分かります。

このような授業を可能にするのが、第7章で紹介されている、テーマに関連するさまざまな資料を用意した「テキストセット」です。これは、教師（または図書館司書）によって作成された、特定の課題やテーマに関する資料で構成されているコレクションのことですが、このような魅力的な資料があれば、さらに生徒の学びを深めていくのに役立つことは間違いありません。

本書の原題は、二ページで著者自身が書いているように、「金属疲労」をもじってつくった「教科書疲労」という言葉を使った『教科書疲労を克服する（Overcoming Textbook Fatigue）』です。しかし、これでは日本語のタイトルになりにくいし、これまでに出してきた『成績をハックする』や『宿題をハックする』などの「ハック・シリーズ」にうまくなじむことから『教科書をハックする』としました。

なお、本書では原文で教科名として「英語」となっているところは日本では国語に当たりますので、「国語」として表記することにしました。また、第7章「テキストセットで本物の学び」において、事例として取り上げられていた「Dust Bowl（砂嵐）」は日本では参考にならないと判断して省いたことをお断りしておきます。さらに、ピンク著の邦訳では「自律」を使っていますので、それを「自立」に換えることは残念ながらできませんが、それ以外で「independent/independence」が使われているところは、「自律」も含めたより広い概念の「自立」と訳しています。

本書では、これまでのように与えられた教科書の内容をカバーするだけの学びから、生徒たちが本物の学びを実践していくために、教師や学校が教科書をどのように利用すればよいかについてさまざまな事例を通して紹介しています。これまで、授業を革新していくために、従来とは異なる視点から教科書を活用していくための方法や事例を用意し、授業を変えていく道筋を分かりやすく解説している本はほとんどありませんでした。

本書を読んで、「自立した学び手」としての生徒を育てるという教育の目標を達成するために、まず教師が「自立した学び手」であり続ける必要があることを私は痛感しています。そこで、ぜひ本書の各章末にある「実践コミュニティー」の活動に職場の同僚や近隣の学校の先生方と取り組んでみることをおすすめします。なぜなら、従来の授業研究のアプローチや一般的な教員研修が残念ながら授業の活性化にはまったく（?）役立っていないからです。この「実践コミュニティー」の活動は、授業研究や教員研修の何倍もの成果を学校にもたらしてくれるものと確信しています。本書を参考に、小・中・高等学校、そして大学の先生方が授業改革を進めていくことを心から願います。

最後になりましたが、原稿の段階で目を通して、貴重なフィードバックをしてくれた、井久保大介さん、中島昭子さん、真壁美紀さん、山本佐江さん、齊藤勝さん、そして本書を日本の読者に読んでもらえるようにしてくれた武市一幸さんをはじめとして株式会社新評論のみなさんに感謝します。

二〇二〇年一月

白鳥信義

・トムリンソン、キャロル『ようこそ、一人ひとりをいかす教室へ――「違い」を力に変える学び方・教え方』山崎敬人ほか訳、北大路書房、2017年
・トムリンソン、キャロルほか『一人ひとりをいかす評価――学び方・教え方を問い直す』山本隆春ほか訳、北大路書房、2018年
・ドレイパー、シャロン・M『わたしの心のなか』横山和江訳、鈴木出版、2014年
・ニューエル、ロナルド『学びの情熱を呼び覚ますプロジェクト・ベース学習』上杉賢士ほか訳、学事出版、2004年
・ピアス、チャールズ『だれもが〈科学者〉になれる！――探究力を育む理科の授業』門倉正美ほか訳、新評論、2020年
・フィッシャー、ダグラスほか『「学びの責任」は誰にあるのか――「責任の移行モデル」で授業が変わる』吉田新一郎訳、新評論、2017年
・プロジェクト・ワークショップ編『読書家の時間――自立した読み手を育てる教え方・学び方【実践編】』新評論、2014年
・マルザーノ、ロバート『教育目標をデザインする：授業設計のための新しい分類体系』黒上晴夫ほか訳、北大路書房、2013年
・メイソン、ジョンほか『教科書では学べない数学的思考――「ウーン」と「アハ！」から学ぶ』吉田新一郎訳、新評論、2019年
・吉田新一郎『「学び」で組織は成長する』光文社新書、2014年
・吉田新一郎『増補版「読む力」はこうしてつける』新評論、2017年
・吉田新一郎『読み聞かせは魔法！』明治図書、2018年
・吉田新一郎『改訂増補版　読書がさらに楽しくなるブッククラブ――読書会より面白く、人とつながる学びの深さ』新評論、2019年
・吉田新一郎・岩瀬直樹『シンプルな方法で学校は変わる』みくに出版、2019年

Understanding by L. Darling-Hammond and others『パワフル・ラーニング　社会に開かれた学びと理解をつくる』L. ダーリング-ハモンド編／深見俊崇編訳、北大路書房、2017年
・*21st Century Skills: Rethinking How Students Learn* by J. Bellanca and R. Brandt
・『イン・ザ・ミドル――ナンシー・アトウェルの教室』（後述参照）
・『たった一つを変えるだけ』（後述参照）
・『ようこそ、一人ひとりをいかす教室へ』（後述参照）

訳注および訳者コラムで紹介された本

・アットウェル、ナンシー『イン・ザ・ミドル――ナンシー・アトウェルの教室』小坂敦子ほか訳、三省堂、2018年
・ウィルソン、ジェニほか『増補版「考える力」はこうしてつける』吉田新一郎訳、新評論、2018年
・エンダーソン、マイク『教育のプロがすすめる選択する学び』吉田新一郎訳、新評論、2019年
・カッツ、リリアンほか『子どもの心といきいきとかかわりあう――プロジェクト・アプローチ』奥野正義訳、光生感館、2004年
・カルキンズ、ルーシー『リーディング・ワークショップ』（吉田新一郎ほか訳、新評論、2010年
・キーン、エリン・オリバー『理解するってどういうこと？』山元隆春他訳、新曜社、2014年
・クーロス、ジョージ『教育のプロがすすめるイノベーション』白鳥信義ほか訳、新評論、2019年
・サックシュタイン、スター『成績をハックする』高橋裕人ほか訳、新評論、2018年
・トープ、リンダほか『PBL――学びの可能性をひらく授業づくり：日常生活の問題から確かな学力を育成する』伊藤通子ほか訳、北大路書房、2007年

・ジェニ・ウィルソン＆レスリー・ウィング・ジャン／吉田新一郎訳『増補版「考える力」はこうしてつける』新評論、2018年

◆第７章 「テキストセットで本物の学び」

・*Artifactual Literacies: Every Object Tells a Story* by K. Pahl and J. Rowsell
・*Reading Ladders: Leading Students from Where They Are to Where We'd Like Them to Be* by T. Lesesne
・*The Reading Zone: How to Help Kids Become Skilled, Passionate, Habitual, Critical Readers* by N. Atwell （この本の未邦訳ですが、同じ著者の『イン・ザ・ミドル』はおすすめです。）
・*When Textbooks Fall Short: New Ways, New Texts, New Sources of Information in the Content Areas* by N. Walker, T. W. Bean, and B. Dillard

［補記］テキストセットそのものではありませんが、リーディング・ワークショップとライティング・ワークショップの教室には、扱うジャンル、テーマ、作家等の充実した図書コーナーを設けることが必需品となっているので、参考になります。ブログ「RW 便り」の左上に「図書コーナー」を入力して検索すると、たくさんの情報が入手できます。

◆第８章 「教科書をハックすることでワクワクする学びを実現する」

・*Literacy Tools in the Classroom: Teaching Through Critical Inquiry, Grades 5-12* by R. Beach, G. Campano, B. Edmiston, and M. Borgmann
・*Making Thinking Visible: How to Promote Engagement, Understanding, and Independence for All Learners* by R. Ritchhart, M. Church, and K. Morrison『子どもの思考が見える21のルーチン　アクティブな学びをつくる』R. リチャート、M. チャーチ、K. モリソン著／黒上晴夫ほか訳、北大路書房、2015年
・*Powerful Learning: What We Know About Teaching for*

ブッククラブ用のおすすめの本

◆第４章　「学ぶために読む」

・*Building Literacy in Social Studies: Strategies for Improving Comprehension and Critical Thinking* by D. Ogle, R. Klemp, and B. McBride (2007)
・*Literacy for Real: Reading, Thinking, and Learning in the Content Areas* by R. Lent (2009)
・*Literacy Learning in the Content Areas* by S. Kane (2003)
・*Literacy Strategies for Improving Mathematics Instruction* by J. D. Kenney, E. Hancewicz, L. Heuer, D. Metsisto, and C. L. Tuttle (2005)
・*Reading and Writing in Science: Tools to Develop Disciplinary Literacy* by D. Fisher and M. C. Grant (2010)
・*Reading Better, Reading Smarter: Designing Literature Lessons for Adolescents* by D. Appleman and M. Graves (2012)
・*Teaching Reading in Social Studies, Science and Math* by L. Robb (2003)
・『増補版「読む力」はこうしてつける』（後述参照）

◆第５章　「学ぶために書く」

・*But How Do You Teach Writing? A Simple Guide for All Teachers* by B. Lane
・*Content-Area Writing: Every Teacher's Guide* by H. Daniels, S. Zemelman, and N. Steineke
・*Teaching Science with Interactive Notebooks* by K. Marcarelli
・*Write Like This: Teaching Real-World Writing Through Modeling and Mentor Texts* by K. Gallagher
・*Writing in Science in Action: Strategies, Tools, and Classroom Video* by B. R. Fulwiler

T. V. Rasinski (Ed.). *Rebuilding the foundation: Effective reading instruction for 21st century literacy*. Bloomington, IN: Solution Tree Press. p.274

⑿Volante, L. (2004, Sept. 25). Teaching to the test: What every educator and policy-maker should know. *Canadian Journal of Educational Administration and Policy,* (35).

(121)Von Drehle, D. (2008, June 30). A new line in the sand. *Time, 171*(26), 36–38.

(122)Von Drehle, D. (2010, Oct. 4). This really sucks. *Time, 176*(14), 36–38.

(123)Wentzel, K. (1998). Social relationships and motivation in middle school: The role of parents, teachers, and peers. *Journal of Educational Psychology, 90,* 202–209.

(124)Wiggins, G., & McTighe, J. (1998). *Understanding by design.* Alexandria, VA: ASCD. p.5, 39

(125)Wilhelm, J. (2007). *Engaging readers and writers with inquiry: Promoting deep understandings in language arts and the content areas with guiding questions.* New York: Scholastic. p.13, p.29

(126)Williams-Garcia, R. (2011). *One crazy summer.* New York: Amistad.

(127)Wolk, S. (2008, Oct.). School as inquiry. *Phi Delta Kappan, 90*(2), p.115 , 115–122.

(128)Wormeli, R. (2011, Nov.) Redos and retakes done right. *Educational Leadership, 69*(3), 22–26. p.24

(129)Zakaria, F. (2011). How U.S. graduation rates compare with the rest of the world. Retrieved from http://globalpublicsquare.blogs.cnn.com/ 2011/11/03/how-u-s-graduation-rates-compare with-the-rest-of-the-world/.

(130)Zenatti, V. (2008). *A bottle in the Gaza sea.* New York: Bloomsbury USA Children's Publishing.『瓶にいれた手紙』ヴァレリー・ビナッティ、伏見操訳、文研出版、2019年

Education Week. Retrieved from http://www.edweek.org/ew/articles/2010/09/29/05schmoker.h30.html. p.23

⑩Schoenfeld, A. H. (2008). Mathematics for understanding. In L. Darling-Hammond, et al. (Eds.), *Powerful learning: What we know about teaching for understanding* (pp. 113–150). San Francisco: Jossey-Bass.

⑪Schunk, D. H. (2003). Self-efficacy for reading and writing: Influence of modeling, goal setting, and self-evaulation. *Reading and Writing Quarterly: Overcoming Learning Difficulties 19,* 159–172.

⑫*Science Illustrated* contributors. (2011, Sept./Oct.). Are some volcanoes more dangerous than others? *Science Illustrated,* p. 22. Retrieved from http://www.scienceillustrated.com/nature/2011/08/are-some-volcanoes-more-dangerous-others.

⑬Sewell, A. (2011). *Black Beauty*. Hollywood, FL: Simon & Brown. 『黒馬物語』シュウエル作、土井すぎの訳、岩波少年文庫、1987年

⑭Steinbeck, J. (2002). *Of mice and men*. New York: Penguin. 『ハツカネズミと人間』スタインベック、大浦暁生訳、新潮社

⑮Stiggins, R. (2002, June). Assessment crisis: The absence of assessment for learning. *Phi Delta Kappan, 83*(10), 758-765. Retrieved from http://www.pdkintl.org/kappan/k0206sti.htm.

⑯Stigler, J. W., & Hiebert, J. (1999). *The teaching gap: Best ideas from the world's teachers for improving education in the classroom*. New York: Free Press. , p.113『日本の算数・数学教育に学べ』スティグラー他、教育出版、2002年

⑰Tharoor, I. (2010, Oct. 25). Military parades. *Time,* p.31

⑱Tovani, C. (2011). It's not too late to be smart: The hope and how of secondary strategies instruction. In H. Daniels (Ed.), *Comprehension going forward: Where we are and what's next* (pp. 174–191, p.180). Portsmouth, NH: Heinemann.

⑲Vacca, R. T., & Mraz, M. (2011). Content-area reading instruction. In

at IRA World Congress in Aukland, New Zealand.
⑨⑨Pink, D. H. (2011). *Drive: The surprising truth about what motivates us*. New York: Riverhead Books. p.73, 90, pp.90–91, p.2『モチベーション3.0』大前研一訳、講談社、2010年 , p.111, pp.131–132, p.8。
⑩⑩Rather, D. (2012, April 3). Finnish first. (Dan Rather Reports.) Available from http://www.hd.net/programs/danrather.
⑩①Reeves, D. (2007). *Ahead of the curve: The power of assessment to transform teaching and learning*. Bloomington, IN: Solution Tree.
⑩②Restak, R. (2003). *The new brain: How the modern age is rewiring your mind*. Emmaus, PA: Rodale.
⑩③Richtel, M. (2012, Jan. 20). Blogs vs. term papers. Retrieved from http://www.nytimes.com/2012/01/22/education/edlife/muscling-in-on-the-term-paper-tradition.html. p.3
⑩④Rinaldi, A. (1995). *The secret of Sarah Revere*. Orlando, FL: Gulliver Books/ Harcourt.
⑩⑤Roseth, C. J., Johnson, D. W., & Johnson, R. T. (2008, March). Promoting early adolescents' achievement and peer relationships: The effects of cooperative, competitive, and individualistic goal structures. *Psychological Bulletin, 134*(2), 223–246.
⑩⑥Rushton, S., & Juola-Rushton, A. M. (2007). Performance assessment in the elementary grades. In P. Jones, J. Carr, & R. Ataya (Eds.), *A pig don't get fatter the more you weigh it: Classroom assessments that work* (pp. 29–38). p.30 New York: Teachers College Press.
⑩⑦Schallert, D. (2002). Schema theory. In B. J. Guzzetti (Ed.), *Literacy in America: An encyclopedia of history, theory and practice* (pp. 556–558). Santa Barbara, CA: ABC-CLIO.
⑩⑧Schanzer, R. (2007). *George vs George: The American revolution as seen from both sides*. Des Moines, IA: National Geographic Children's Books.
⑩⑨Schmoker, M. (2010, Sept. 27). When pedagogic fads trump priorities.

⑱National Council of Teachers of English. (2008). *Writing now*. [Policy research brief.] Retrieved from http://www.ncte.org/library/NCTEFiles/Resources/PolicyResearch/WrtgResearchBrief.pdf. p.3
⑲National Council of Teachers of English. (2011). *Communities of Practice: A Policy Research Brief.* Retrieved from http://www.ncte.org/library/NCTEFiles/Resources/Journals/CC/0212nov2011/CC0212Policy.pdf.
⑳National Research Council. (2000). *How people learn: Brain, mind, experience, and school* (Expanded ed.). Washington DC: National Academy Press.『授業を変える：認知心理学のさらなる挑戦』米国学術研究推進会議編著、21世紀の認知心理学を創る会訳、北大路書房、2002年、p.279
㉑National Writing Project & Nagin, C. (2006). *Because writing matters: Improving student writing in our schools* (Rev. ed.). San Francisco: Jossey-Bass. p.47, pp.22–23, pp.47–48, pp.52–53
㉒Neil, M. (2003). The dangers of testing. *Educational Leadership, 60*(5), 43–46.
㉓Neuschwander, C. (2004). *Sir Cumference and the dragon of pi: A math adventure* [series]. Watertown, MA: Charlesbridge Publishing.
㉔Organisation for Economic Co-operation and Development (OECD). (2011). *Education at a glance 2011: OECD indicators.* Retrieved from http://www.oecd.org/document/2/0,3746,en_2649_39263238_48634114_1_1_1_1,00.html.
㉕Orwell, G. (2003). *Animal farm*. New York: Plume.
㉖Orwell, G. (2009). *Facing unpleasant facts: Narrative essays.* New York: Mariner Books.
㉗Palmer, K. (2012). Budding writers benefit from sharing their work online. Retrieved from http://blogs.kqed.org/mindshift/2012/04/budding-writersbenefit-from-sharing-their-work-online. p.2
㉘Pearson, D. (2010, July). "Still time for a change." Speech presented

Thousand Oaks: Corwin. p.2
⑦Marrin, A. (2011). *Flesh and blood so cheap: The triangle fire and its legacy*. New York: Knopf Books for Young Readers.
⑱Marzano, R. J. (2004). *Building background knowledge for academic achievement: Research on what works in schools*. Alexandria, VA: ASCD. p.110
⑲Marzano, R. J., & Pickering, D. J. (2005). *Building academic vocabulary: Teacher's manual*. Alexandria, VA: ASCD. pp.14–15
⑳Masoff, J. (2000). *Oh, yuck! The encyclopedia of everything nasty*. New York: Workman Publishing Co.
㉑Masoff, J. (2006). *Oh, yikes! History's grossest, wackiest moments*. New York: Workman Publishing Co.
㉒McGraw-Hill/Glencoe. (2007). *Focus on life science*, p. 479 [El Nino], p. 320 [volcanoes]. Columbus, OH: Author.
㉓McKinley, J. C., Jr. (March 12, 2010). Texas conservatives win curriculum change. *New York Times*. Retrieved from http://www.nytimes.com/2010/03/13/education/13texas.html.
㉔McTighe, J., & Seif, E. (2010). An implementation framework to support 21st century skills. In J. Bellanca and R. Brandt (Eds.), *21st century skills: Rethinking how students learn*, pp. 149–172. Bloomington, IN: Solution Tree. p.154, 155
㉕Myers, W. D. (2005). *Patrol: An American soldier in Vietnam*. New York: HarperCollins.
㉖Nagy, W. E. (1988). *Teaching vocabulary to improve reading comprehension*. Newark, DE: International Reading Association. p.3
㉗National Commission on Writing for America's Families, Schools, and Colleges. (2006, May). *Writing and school reform, including the neglected "R": The need for a writing revolution*. (Report.) Retrieved from http://www.collegeboard.com/prod_downloads/writingcom/writing-school-reform-natl-comm-writing.pdf. p.52, 13, 16

⑯Laird, E. (2006). *A little piece of ground.* Chicago: Haymarket Books. 『ぼくたちの砦』エリザベス・レアード作、石谷尚子訳、評論社、2006年
⑰Lane, B. (2008). *But how do you teach writing? A simple guide for all teachers.* New York: Scholastic.
⑱Langer, J. (2010). *Envisioning knowledge: Building literacy in the academic disciplines.* New York: Teachers College Press. p.14
⑲Langer, J. A., & Applebee, A. N. (2007). *How writing shapes thinking: A study of teaching and learning.* [WAC Clearinghouse Landmark Publications in Writing Studies.] Retrieved from http://wac.colostate.edu/books/langer_applebee. p.135, 137, 148, 150
⑳Lenski, S. (2011, Dec.–2012, Jan.). What RTI means for content area teachers. *Journal of Adolescent and Adult Literacy, 55*(4), 276–282.
㉑Lent, R. C. (2009). *Literacy for real: Reading, thinking, and learning in the content areas.* New York: Teachers College Press.
㉒Levinson, C. (2012). *We've got a job: The 1963 Birmingham children's march.* Atlanta: Peachtree Publishers.
㉓Levitt, S. D., & Dubner, S. J. (2009). *Freakonomics: A rogue economist explores the hidden side of everything.* New York: William Morrow. p.315『ヤバい経済学：悪ガキ教授が世の裏側を探検する』スティーヴン・D・レヴィット、スティーヴン・J・ダブナー、望月衛訳、東洋経済新報社、2007年
㉔Lyman, F. T. (1981). The responsive classroom discussion: The inclusion of all students. In A. Anderson (Ed.), *Mainstreaming Digest* (pp. 109–113). College Park: University of Maryland Press.
㉕Mansfield News Journal. (2011). Teacher takes students around the world through technology. *Mansfield News Journal.* Retrieved from http://www.mansfieldnewsjournal.com/fdcp/?unique=1323975921512accessed 12/15/2011.
㉖Marcarelli, K. (2010). *Teaching science with interactive notebooks.*

Mahwah, NJ: Erlbaum.
㊹Hadden, M. (2004). *The curious incident of the dog in the night-time.* New York: Vintage.
㊺Hammond, D. W., & Nessel, D. D. (2011). *The comprehension experience: Engaging readers through effective inquiry and discussion.* Portsmouth, NH: Heinemann. p.87,88
㊻Harcourt School Publishers. (2009). *Forces and motion.* Science student ed., grade 4. Orlando, FL: Author. p.362
㊼Harvey, S., & Daniels, H. (2009). *Comprehension and collaboration: Inquiry circles in collaboration.* Portsmouth, NH: Heinemann. p.26, p.43 , pp.61–62
㊽Harvey, S., & Goudvis, A. (2007). *Strategies that work for understanding and engagement.* Portland, ME: Stenhouse.
㊾Hicks, T. (2009). *The digital writing workshop.* Portsmouth, NH: Heinemann. p.84, 39, 42
㊿Hobbs, W. (2006). *Crossing the wire.* New York: HarperCollins.
61 Hoose, P. M. (2010). *Claudette Colvin: Twice toward justice.* New York: Square Fish Publishing.『席を立たなかったクローデット——15歳、人種差別と戦って』フィリップ・フース作、渋谷弘子訳、汐文社、2009年
62 Jackson, Y. (2011). The trouble with professional development for teachers. Retrieved from http://www.washingtonpost.com/blogs/answer-sheet/post/the-trouble-with-professional-development-for-teachers/2011/06/30/AGRxQfrH_blog.html.
63 Johnson, R. L. (2010). *Journey into the deep: Discovering new ocean creatures.* Minneapolis, MN: Millbrook Press.
64 Johnson, R. T., & Johnson, D. W. (1986). Action research: Cooperative learning in the science classroom. *Science & Children 24,* 31–32.
65 Knight, M. B. (2003). *Who belongs here? An American story.* Gardiner, ME: Tilbury House.

㊷Frank, A. (2010). *Diary of a young girl.* New York: Everyman's Library.

㊸Frayer, D., Frederick, W. C., & Klausmeier, H. J. (1969). *A schema for testing the level of cognitive mastery.* Madison, WI: Wisconsin Center for Education Research.

㊹Fresch, M. J., & Harkins, P. (2009). *The power of picture books: Using content-area literature in middle school.* Urbana, IL: National Council of Teachers of English.

㊺Fullan, M. (2007). *The new meaning of educational change* (4th ed.). New York: Teachers College Press.

㊻Fulton, K., Yoon, I., & Lee, C. (2005). Induction into learning communities. Retrieved from http://nctaf.org/wp-content/uploads/2012/01/NCTAF_Induction_Paper_2005.pdf.

㊼Fulwiler, B. R. (2011). *Writing in science in action: Strategies, tools, and classroom video.* Portsmouth, NH: Heinemann.

㊽Gallagher, K. (2009). *Readicide: How schools are killing reading and what you can do about it.* Portland, ME: Stenhouse.

㊾Glencoe. (2004). *Biology: The dynamics of life.* Columbus, OH: Glencoe/McGraw-Hill. p.491

㊿Graham, S., & Perin, D. (2007). *Writing next: Effective strategies to improve writing of adolescents in middle and high schools.* [Report to Carnegie Corporation of New York.] Washington, DC: Alliance for Excellent Education. p.9

51Graves, M. F. (2005). *The vocabulary book: Learning and instruction.* New York: Teachers College Press. p.32

52Guthrie, J. T. (Ed). (2008). *Engaging adolescents in reading.* Thousand Oaks: Corwin. p.71

53Guthrie, J. T., & Wigfield, A. (2000). Engagement and motivation in reading. In M. L. Kamil, P. B. Mosenthal, P. D. Pearson, & R. Barr (Eds.), *Handbook of reading research: Volume III* (pp. 403-422).

p.24
㉛Dilworth, T. (1798). *The schoolmaster's assistant, being a compendium of arithmetic both practical and theoretical*. Glasgow: J. & A. Duncan.
㉜Douglass, J. E., & Guthrie, J. T. (2008). Meaning is motivating: Classroom goal structures. In J. T. Guthrie (Ed.), *Engaging adolescents in reading* (pp. 17-31). Thousand Oaks: Corwin. p.24
㉝Dozier, C., Johnston, P., & Rogers, R. (2006). *Critical literacy/critical teaching*. New York: Teachers College Press. p.18
㉞Effective Grading Practices. (November 2011). *Educational Leadership, 69*(3).
㉟Einhorn, E. (2008). *A very improbable story*. Watertown, MA: Charlesbridge Publishing.
㊱Ellis, J. (2010). *Pythagoras and the ratios: A math adventure*. Watertown, MA: Charlesbridge Publishing.
㊲Feldman, D. (2005). *When do fish sleep and other imponderables of everyday life*. New York: Harper Perennial.『魚はいつ眠るのか?:アメリカ人を悩ます110の謎』デイヴィッド・フェルドマン著、石田真理子ほか訳、朝日出版社、1993年
㊳Fillman, S., & Guthrie, J. T. (2008). Control and choice: Supporting self-directed reading. In J. T. Guthrie (Ed.), *Engaging adolescents in reading*, pp. 33-48 , pp.38-39. Thousand Oaks: Corwin.
㊴Fisher, D.& Frey, N. (2007). *Checking for understanding: Formative assessment techniques for your classroom*. Alexandria, VA: ASCD.
㊵Fisher, D., & Frey, N. (2008). *Word-wise and content rich: Five essential steps to teaching academic vocabulary*. Portsmouth, NH: Heinemann.
㊶Flanigan, R. L. (2012). U.S. schools forge foreign connections via web. *Education Week*. Retrieved from http://www.edweek.org/ew/articles/2012/01/23/19el-globallearning.h31.html. p.1

Literacy, 45(2), 146–153.
㉒Collins, A., & Halverson, R. (2009). *Rethinking education in the age of technology: The digital revolution and schooling in America.* New York: Teachers College Press.
㉓Connecticut Association of Schools. (2008). *Moving toward secondary school reform: Programs to engage seniors.* Retrieved from http://www.casciac.org/pdfs/Moving_Toward_Secondary_School_Reform.pdf. p.1
㉔Cooney, C. (2007). *Code orange.* New York: Laurel-Leaf.
㉕Copeland, L. (2009). Cherokee reunion celebrates heritage. *USA Today*. Retrieved from www.usatoday.com/news/nation/2009-04-16-Cherokee_N.htm.
㉖Danticat, E., Na, A., Yep, L., & others. (2012). Research and discovery. [Online workshop; Teaching multicultural literature: A workshop for the middle grades]. Available from http://www.learner.org/workshops/tml/workshop4/teaching.html.
㉗Darling-Hammond, L. (2010a). *The flat world and education: How America's commitment to equity will determine our future.* New York: Teachers College Press. pp.250–251, p.5, 235, 257, 6, 261
㉘Darling-Hammond, L. (2010b). New policies for 21st century demands. In J. Bellanca & R. Brandt (Eds.). *21st century skills: Rethinking how students learn* (pp. 32–49). Bloomington, IN: Solution Tree.
㉙Darling-Hammond, L., Barron, B., Pearson, P. D., Schoenfeld, A. H., Stage, E. K., Zimmerman, T. D., Cervetti, G. N., & Tilson, J. L. (2008). *Powerful learning: What we know about teaching for understanding.* San Francisco : Jossey-Bass. 『パワフル・ラーニング　社会に開かれた学びと理解をつくる』L. ダーリング-ハモンド編著、深見俊崇編訳、北大路書房、2017年
㉚Dekker, T. (2011). *Blink of an eye.* New York: Center Street Press.

learning: What we know about teaching for understanding (pp. 11–70, p.64). San Francisco: Jossey-Bass.

⑪Beck, I. L., McKeown, M. G., & Kucan, L. (2002). *Bringing words to life: Robust vocabulary instruction.* New York: The Guilford Press.

⑫Birnbaum, M. (2010). Historians speak out against proposed Texas textbook changes. *The Washington Post.* Retrieved from http://washingtonpost.com/wp-dyn/content/article/2010/03/17/AR2010031700560.html.

⑬Black, P., & Wiliam, D. (1998). Inside the black box: Raising standards through classroom assessment. *Phi Delta Kappan.* Retrieved from http://blog.discoveryeducation.com/assessment/files/2009/02/blackbox_article.pdf. p.143

⑭Brozo, W. G., Shiel, G., & Topping, K. (2007). Engagement in reading: Lessons learned from three PISA countries. *Journal of Adolescent and Adult Literacy. 51*(4), 304–315.

⑮Bryant, J. (2008). *A river of words: The story of William Carlos Williams.* Grand Rapids, MI: Eerdsman's Books for Young Readers.

⑯Buehl, D. (2001). *Classroom strategies for interactive learning* (2nd ed.). Newark, DE: International Reading Association.

⑰Bunting, E. (1992). *The wall.* New York: Clarion.

⑱Calkins, L., Ehrenworth, M., & Lehman, C. (2012). *Pathways to the common core: Accelerating achievement.* Portsmouth, NH: Heinemann. p.90,93,30

⑲Cambourne, B. (1988). *The whole story: Natural learning and the acquisition of literacy in the classroom.* New York: Scholastic. p.70

⑳Carr, E., & Wixson, K. K. (1986, April). Guidelines for evaluating vocabulary instruction. *Journal of Reading, 29*(7), 588–595.

㉑Carr, K., Buchannan, D., Wentz, J., Weiss, M., & Brant, K. (2001). Not just for the primary grades: A bibliography of picture books for secondary content teachers. *Journal of Adolescent and Adult*

参考文献一覧

①Allen, J. (2007). *Inside words: Tools for teaching academic vocabulary, grades 4–12*. Portland, ME: Stenhouse.

②Allington, R. (2002, November). You can't learn much from books you can't read. *Educational Leadership, 60* (3), 16–19.

③Alvermann, D. E. (2003). Seeing themselves as capable and engaged readers: Adolescents and re/mediated instruction. Retrieved from http://www.learningpt.org/pdfs/literacy/readers.pdf.

④Anders, P. L., & Spitler, E. (2007). Reinventing comprehension instruction for adolescents. In J. Lewis & G. Moorman (Eds.), *Adolescent literacy instruction: Policies and promising practices* (pp. 167–191). Newark, DE: International Reading Association.

⑤Angelou, M. (1983). *I know why the caged bird sings*. New York: Random.『歌え、翔べない鳥たちよ：マヤ・アンジェロウ自伝』マヤ・アンジェロウ著、矢島翠訳、青土社、2018年

⑥Angelou, M. (1993). *Life doesn't frighten me*. New York: Stewart, Tabori,& Chang.

⑦Bardoe, C. (2006). *Gregor Mendel: The friar who grew peas*. New York: Harry N. Abrams.『グレゴール・メンデル：エンドウを育てた修道士』シェリル・バードー文、ジョス・A・スミス絵、片岡英子訳、BL 出版、2013年

⑧Barell, J. (2003). *Developing more curious minds*. Alexandria, VA: ASCD. pp.1–19

⑨Barell, J. (2010). Problem-based learning: The foundation for 21st century skills. In J. Bellanca & R. Brandt (Eds.), *21st century skills: Rethinking how students learn* (pp. 179–199). Bloomington, IN: Solution Tree. p.178

⑩Barron, B., & Darling-Hammond, L. (2008). How can we teach for meaningful learning? In L. Darling-Hammond (Ed.), *Powerful*

訳者紹介

白鳥信義（しらとり・のぶよし）

栃木県内の公立中学校教員を経て、現在は帝京平成大学現代ライフ学部児童学科教員。最大の関心は、「教え方・学び方」に関することです。専門教育は理科ですが、かつて「子ども科学館」に勤務したこともあり、博物館学も研究対象の一つとなっています。

吉田新一郎（よしだ・しんいちろう）

ハック・シリーズでは、これまで『成績をハックする』と『宿題をハックする』を出してきました。今回が第３弾です。この後も６冊の企画がすでに決まっています。あなたがぜひハックしたいと思う日本の学校／授業の課題を教えてください。
連絡先、pro.workshop@gmail.com。

教科書をハックする
21世紀の学びを実現する授業のつくり方

2020年３月10日　初版第１刷発行

訳　者　白　鳥　信　義
　　　　吉　田　新　一　郎

発行者　武　市　一　幸

発行所　株式会社　新　評　論

〒169-0051
東京都新宿区西早稲田３-16-28
http://www.shinhyoron.co.jp

電話　03(3202)7391
FAX　03(3202)5832
振替・00160-1-113487

落丁・乱丁はお取り替えします。
定価はカバーに表示してあります。

印刷　フォレスト
装丁　山田英春
製本　中永製本所

Printed in Japan
ISBN978-4-7948-1147-9